帝国日本の植民地を歩く

文化人類学者の旅ノート

崔吉城

花乱社

装丁：前原正広
木彫オブジェ「オジカ」(2018年作)

はじめに

私は戦前の植民地朝鮮に生まれ、戦後ソウルで成長し、教育を受け、日本に居を移して、研究者として、また教育者として生きてきた。私の人生観は徐々に変わったが、私個人の価値観より国家と社会の方がより速く変化してきたことを不思議に思う。解放と南北分断、朝鮮戦争、4・19学生革命、5・16軍事クーデター、日韓国交正常化、セマウル運動、民主化運動などは、私自身の変化よりはるかに速かった。

一九八〇年代、特に八二年の第一次教科書問題の際、韓国では反日感情がピークに達し、日本人はタクシーに乗せない、食堂に入れないというほどで、とても激しい時代だった。日本について悪く言う時は言いたい放題であり、日本を悪く言うのが教師にとって一番楽だった。多くの教師は、まず日本に関しては冒頭に悪く言ってから講義を始めるのが常であった。

日本留学から帰国し、慶南大学校の日本語教育学科の教壇に立ち、また啓明大学校の日本学科の教員となって、早速直面したのは「反日」問題だった。学生から「先生は親日派だ」と露骨に言われて困った立場に立たされた。韓国では「親日」は〝売国奴〟と同義で、最大の侮辱である。蔑視され、差別されるようなこともあった。韓国では日本は〝心の敵〟であり、学生たちは『孫子兵法』を引用しながら「敵（日本）を知ってこそ勝つ」と言い、日本を敵としていた。親日か反日か、日韓のどちら側に味方をするかが問われた。

反日は結局、日本植民地の清算が主であるが、事はそう簡単ではない。それはキャッチフレーズにとどまらず、鉄道、道路、建築物などはもちろん、見て学んだことを含む教育制度も清算しなければならないという、ある面では自己矛盾に陥ることになる。つまり韓国人自身が自己否定することになる。

私は、日韓関係にはいつも潜在的危険性が内包されていて、表面的には良好な関係であっても、いつ爆発するか分からない爆弾のようなものであり、また、良好な状態が持続したとしても、それは長くは続かず悪化すると思っている。『冬のソナタ』を契機に日韓関係は改善され、史上最高の良い関係と話題になっていたが、時折、良好と悪化が繰り返される。

大きく言って、アジアには反日文化圏と親日文化圏がある。反日文化圏は朝鮮半島をはじめ大陸へ広がっている。韓国の反日感情は旧朝鮮総督府庁舎を破壊するなど、世界で一番強い。台湾や南洋などには親日文化圏が広がっている。台湾では日本植民地時代の日本文化、「日帝（日本帝国主義）の残滓」が日常の中に残っており、台湾総督府庁舎は中華民国総統府に利用されていて、今では観光スポットにもなっている。

日本では、日本とサハリン（樺太）を「内地」と言い、台湾、朝鮮、南洋群島を「外地」と言い、満州は形式的に〝外国〟であった。戦争による占領地は、中国の一部、広く東南アジアの諸国、フィリピン、インドネシア、ベトナム、ビルマ、シンガポールなどであった。

なぜ、韓国では反日感情が強いのか――。反日感情の根源は日本の植民地にあるのか。反日の原因はどこにあるのだろうか。反日の本質を知るために、反日感情を理解するために、私は植民地を研究することにした。

一九六八年に韓国の離島民俗調査で泊まった旅館が、日本植民地時代には「喜楽」という遊廓だったことを想起した。「あの時のあの島、あれは何だったのか、あの島になぜ日本の芸者があんなに沢山いたのか」などを話題にしたことを思い出した。その村には植民地期に日本人と共に生活をした人々がおり、彼らを通して当時の話を直接聞きたかった。私は日本植民地の現地調査を行い、そして世界の植民地へと目を向けるようになった。

本書では、主に現地を訪ね、直接見聞きしたものを中心に、日本の植民地だけではなく、世界史的な植民地を歩いて調査した事例を挙げてその意味を考察してみたい。私自身が反日だ、親日だと言われ、時には〝日韓の架け橋〟とも言われたが、その橋から落下してしまうようなことも多かった。

その最中に私は、植民地を歩きながらより深く考えるようになった。アイルランドとイギリスの間、植民側と被植民側の狭間で〝大逆罪〟という罪で処刑されたロジャー・ケースメント氏の例を知り、感激した。非国民と愛国、裏切り者として処刑されたことを知り、ショックであった。

本書はそうした熱気で書き始めたが、書き進める中で、広い視野、客観性などを重視するに従い、案外平凡な文章になったかも知れない。しかしその熱気は最後まで流れていると思う。読者の読解力に期待している。

帝国日本の植民地を歩く❖目次

帝国日本の植民地を歩く

I　反日と嫌韓

「日帝」の残滓

私は、東アジアのさまざまな国を訪ねながら「反日」について見聞きしてきた。その中でも韓国人の反日感情が最も強いという印象を受けた。北朝鮮においてさえ、韓国に比べると反日感情は強くないように感じられた。おそらく北朝鮮においては、「反日」より「反米」が主であるからだろう。

戦後の韓国では、「ウェノム（日本の奴ら）」という言葉を一般用語のように使うことも少なくない。日本に対しては言語暴力も簡単に正当化される。学校の教師や学者であっても悪罵や暴言をためらうことはない。このような言語の暴力は、日本植民地の残滓から自由になれていないことを示しているのだろう。反日感情が国民全体の団結や結束を図り、国家的アイデンティティ形成において大いに助けになったのだから、一般的には悪いとばかりは言えない。日本に対する競争意識を高めて自己の能力を発揮させた、という面もなくはない。

人によっては、恨みをはらすために生きるということもある。そのことは一時的には活力を持つかも知れないが、幸せな姿勢とは言い難い。こうした現状は、政治・社会的な対日関係を悪化させ、さらに増幅させる。一九八〇年代の教科書問題で日韓関係が極度に緊張した時には、日本人はタクシー乗車を拒否され、日章旗（日の丸）の〝火刑式〟が行われるなど、大衆文化やマスコミにおける反日は非常に激しかった。スポーツなどでは「日本には絶対に負けてはならない」というような心理があり、今でも人間関係に肯定的あるいは否定的に作用している。

「光復節」（八月十五日）や「三一節」（三月一日）などの国慶日には、キリスト教教会などでも反日感情に沿った説教が普通に行われる。

一九八〇年代、反日感情が高まった状況の中で大田《テジョン》独立記念館が誕生した。日本の教科書の歴史歪曲事件が契機となり、一九八二年八月二十八日、独立記念館設立の発起大会を開催、寄付金募金が始められ、一九八三年八月十五日に起工式を行った。

近現代史の展示室では、日本の植民地経営の残虐性について解説される。特に占領と植民地化による民族の生存権の剝奪という側面が強調され、警察による拷問の様子なども展示、音声だけでなく蠟人形、映画、漫画を利用するなどして展示効果をいっそう高めている。

音声の説明では詩を読むように朗読される。訪れるのは主に青少年たちである。最近ではここに日本人も訪れる。日本人は、韓国や中国、台湾などの博物館で、日本占領史の蛮行を観ることになる。

私は一九九九年の八月十五日に、中国のハルピンで七三一部隊生体実験博物館を観覧したことがある。中国人が多数来ていると期待して訪ねたのだが、意外なことに日本人観光客が主だった。中国人の案内者が日本人の残虐性を一所懸命説明し、日本人観光客は悲惨な歴史を聴く。日本人の現代史学習の現場としても機能している。

「日帝」残滓の清算のための政策と運動が長く続いている。例えば、日本語由来の外来語を排斥する。外来語には、日帝時期の国語（日本語）だったものがそのまま残ったものと、戦後、直接入って来た外来語としての日本語が混ざり合って日常的に使われているものがある。割り箸、うどんなどがそれである。

反日感情の根源は、当然、日本による植民地化に起因していると言えるだろうが、反日感情のすべてが植民地から起因したとは言えない。反日感情の程度が植民地の悪政に比例するとも簡単には言いきれない。日本の植民地政策が悪かったためだとか、あるいは植民地にされたためだ、とばかり言うことはできない。仮にそのような歴史が存在しなかったとしても、日韓間の関係を悪くしたり良くしたりする要因はいくらで探せるからである。また、国同士の関係において、良くない歴史があると言っても、必ずしも現在の関係が悪いとは限らない。

植民地からの「解放」

一九四五年八月十五日は、朝鮮半島が日本の植民地から解き放たれた日である。その日は約四年の間、「解放記念日」とされていたが、一九四九年十月に慶祝日に制定した時から「光復節」に変更された。解放とは、束縛から解き放たれて自由になったという消極的な意味もあるが、もっと積極的な深い意味もある。植民地という不幸な歴史に縛られていた状態から完全に解かれ、自由になるということである。

解放がそのまま人間を幸せにするわけではない。日本からの解放という意味よりもっと根本的に人間としての自由を指している。仏教的に言えば、解脱《げだつ》していく基礎ができた、ということであり、つまり解放されていない、いつまでも植民地意識に包まれている状態から完全に解放されるということである。アイルランドの民族主義者イェーツ（Yeats）は、植民地史から完全に解放されない限り自由にはなれない、と述べている。

日本の会社に勤務するある韓国人が、遅刻を注意した日本人の上司に向かって「植民地の日本野郎」と悪態をついたという記事を読んだことがある。韓国人が「植民地」という言葉を用いて日本人に抗議するのは、この人物に限ったことではない。韓国人が、日本人との関係でよく用いる無意識の構造として、競争する時や不利になる度に、植民地の歴史を盾に取って相手を責めるのである。これは植民地意識がまだ残っていることを意味する。

これは、植民地経験をした多くの国の人々に共通した現象でもある。東アジアの多くの国々が解放されてから長い時間が経っても、依然、植民地意識が人々の心の中に持続されている。否定的であれ肯定的であれ、独立国家を作っていく過程で植民地遺産が重要な要因として作用する。植民地の歴史は、終戦や解放の時点ですぐに断絶されるものではなく、特に社会構造や意識構造などは、植民地から解放されてもその枠を抜け出して独立するまでには時間がかかる。

『醜い韓国人』

朴泰赫氏の『醜い韓国人――われわれは「日帝支配」を叫びすぎる』（カッパ・ブックス、一九九三）が出版された時、韓国メディアは一斉に非難した。朴氏はこの書で「横暴な両班《ヤンバン》より、日本の植民地支配の方が、韓国の庶民たちから歓迎された」という文章を書いて韓国内で大きなバッシングを受け、また日本人が韓国人の名前で発表したとも非難されたのである。

朴氏は「この本の刊行にあたって、韓国の問題に博学なる知識を持っている評論家の加瀬英明に、日本語の表記などを含め検閲監修を受けた」と釈明した。

韓国内では、「韓国人で自国を批判できる者はただの一人もいない」という論理から、著者は韓国人ではなく「日本人の奴」だというのである。結局、著者が韓国人か、日本人か、ということの方が騒がれて、一気に数十万部売れ、ベストセラーを占め続けた。

この本は、「歴史を公正に見るところから出発する」ということで「日韓併合直前の荒廃した社会」、「地主階級の生活と小作人の貧困」、「日本は乱脈なる韓国社会を正した」と書かれている。日本の植民地支配より朝鮮王朝の両班の方がもっと悪かった、と言う。その内容に対する批判よりも、著者が日本人なのか、韓国人なのかが話題になり、在日同胞の間でも「著者は韓国人ではない」という意見が圧倒的だった。このように韓国内や在日同胞において、「植民地」については「言論の自由がない」という感じさえする。

報道によれば、編集者が朴氏の原稿を素材にして、あたかも韓国人著者が日本の朝鮮植民地支配を正当化しようとしたように記述した、つまり、朴氏の意見を加瀬氏が違う形に捏造《ねつぞう》したという。結局、著者の朴氏が一九九五年四月、ＳＢＳ（ソウル首都圏をエリアとする放送局）の調査報道番組で、自分の提供した原稿が加瀬氏により勝手に加筆、歪曲されて出版された、と証言するに至った。

ソウル・光化門広場の「忠武公李舜臣像」

日帝植民地時代だからと言って、韓国人のすべてが独立運動をした愛国志士だったわけではない。そのような愛国志士は、戦後、日帝時代から反日愛国運動をしていたように〝変身〟したか、もしくは錯覚しているのである。

植民地時期、多くの韓国人は順応して肯定的に生きていた。言うまでもなく私の父母もそうである。したがって、誰かを「親日派だ」と言って責める資格を持った人はそれほど多くないはずである。植民地抵抗主義の愛国主義者たちは、日本に対しての「反日」というよりは、国内の〝親日派〟について敵対視しているのである。

金日成の抗日運動

北朝鮮の金日成の抗日運動は、すべてが捏造されたものだけではない。彼は中国の吉林省の毓文中学でマルクス主義を勉強し、熱烈な共産主義者になった。これは日本の諜報資料に記録されたものであり、早くから抗日運動に参加したのだろう。

彼は一九二九年、反日活動の嫌疑で中国軍閥当局に逮捕され、数カ月間監獄暮らしをすることになり、退学処分とされた。一九三一年、間島地方に移動し、中国共産党に入党した。一九三一年の満州事変以後、中国軍隊傘下で別部隊を組織して活動し、一九三六年、「抗日武装運動東北抗日連軍」の隊長になった。

以上の業績を見ても、彼が民族独立運動に活躍したことは間違いない。彼は主に「抗日」、即ち直接日本と戦い、国を取り戻そうというところに焦点を置いた。このような経歴を彼がその後の自分の政治的カリスマ形成に生かしたとも考えられる。

韓国が戦後、「反共・反日」を大きく叫んだのとは対照的に、北朝鮮は「反米・反日」を主張した。「日本の帝国主義者と米帝国主義者に打ち勝って千里馬朝鮮の栄誉をとどろかせよう」、「世界の反動の元凶である米帝国主義と直接立ち向かうという困難な条件ではあるが、社会主義の建設と祖国の自主的統一のため我々人民の革命の偉業を勝利の大道で」(『金正日の主体思想について』朝鮮労働党出版社、一九九一年)。北朝鮮の教科書は金日成の組織的抗日運動を強調する。親日派をほじくり出そう、という主張はほとんど聞かれない。

北側の板門店（2001年）

戦後、金日成の日本に対する発言は非常に少ない。彼は、日本帝国主義の残滓を最大限に清算しようと努力したが、「誰もが日帝の手先と言えるわけではない」とも言った。ただ人民を検挙・投獄・虐殺した者とか、日本帝国主義の利益のために民族の利益を売り渡した者、日帝に協力した者だけを「走狗」と規定し、生活のために、または強圧に耐えられなくてやむなく日帝機関に服務した者や、そこで消極的に逆らうほかしようのなかった者を「走狗」とは規定しなかった。

このような金日成の一種の度量によって、日帝の機関に服務した人でも多く建国作業に参加することができたのである。

日本向けではない「反日」

戦後、半世紀をはるかに超えているのに、韓国においてはまだ多くの国民の意識構造の中で植民地は終わっていない。「反日」の声を挙げても危険な目に遭うことはなく、簡単に愛国心を表す手段としてそのような声を挙げているのである。

では、植民地と「反日」はどんな関係にあるのか。かつて日帝に抵抗拒否したことは「抗日」であり、「反日」は戦後の感情である。「反日」は、ただ「日本が嫌いだ」という反抗心であり、教育とともに政治的な宣伝と政策、行事などによるものである。

韓国人の中でも、日本の植民地となっていることを否定的にだけ意識した反日独立意識を持った人は少なかった。むしろ大部分の民衆は、植民地であることをほとんど意識せず、日本の支配に適応しようとした。解放当時に「万歳」を叫んだからと言って、彼らが日帝時に愛国運動に挺身したかどうかは分からない。むしろ神社参拝をした人かも知れない。それでも、戦後、すべての人々が反日運動をやっていたかのように、にわかに反日愛国者に変身したと思われるケースが多い。

親日派の悪口を言うだけで「反日愛国」を強調する勢力が登場したのは戦後である。国民全体が愛国者になって親日派を処断し、種を断たねばならないというような風潮がある。このような現象を、米国の歴史学者マーク・ピーティーは「戦後に作られた一つの神話のようなものだ」と指摘した。

韓国では、日本植民地は絶対悪だと言い、国民統合を企む中で反日感情を煽った。その反日感情は知識人や政府官吏などから始まったのだが、国民教育やマスコミの普及で民衆や大衆にまで浸透していった。植民地と「反日」の関係は、言い換えると、戦前と戦後が連続的なのか、歴史認識の断絶なのか継続なのか、という基本的な問題でもある。

さらに言えば、親日と反日の反目を創り出そうとしているかのようである。「反日」という言葉は直接的に日本を指すものではなく、韓国内の親日派に向けられているのである。これは国内の派閥争いの構造をそのまま保っている。日本と親しい韓国人を「親日派」と規定して、親日派に反対する人を「反日派」だと言う。すなわち反日派とは、反・親日派なのである。

親日が日本に対して一方的に向かっているとすれば、反日は親日に向かい非難・攻撃していると言える。つまり、反日派の韓国人が親日派の韓国人を攻撃し、非難する構造である。従ってこれは、韓国人だけのいざこざ、葛藤と分裂を意味する。つまり反日が敵対する相手は親日であり、直接日本や日本人を指すものではない。もちろん日本が完全に除外されているわけではないが、これは基本的には韓国の国内用の感情なのである。

朝鮮総督府庁舎の破壊は、直接的には日本とは何の関係もなかった。ただ、反日感情が沈殿して教科書問題、神社参拝反対などで噴出する。その沈殿も、実は韓国人同士の敵対関係において蓄積されているのである。そこではただ民族主義だけが優勢で、どんな理性も理論も通らない。だから親日を攻撃する反日の発言は飛躍的であって、合理性や冷静さがほとんど欠如している。

反日は歴史的産物でなく戦後の政策や教育に原因があると思われる。ただ反日を主張するだけでは愛国とはならない。時々、多くの反日論者たちこそ非愛国的であることがある。反日感情も地域、階層、時代、性別などによって差がある。

民族主義と反日感情

反日感情の源泉は植民地史によるものだけではない。多くは戦後のものであると言える。反日感情は、日本に対する怨恨と憎しみとを増しながら、ダイナミックに政治的カードとして使われる。それは単なる愛国心ではなく、植民地史への歴史認識そのものでもない。日本を憎む分だけ韓国を愛するようになり、韓国人が韓国を愛する分だけ日本を憎む——すなわち、民族主義と反日感情は一体構造なのであり、それが日韓関係の実態なのである。個人的に他人を憎悪する場合があるが、それがいつもすべて正当化されるわけではない。しかし国家や社会的次元においては、憎しみが正当化される場合があるのである。

ある人は「〝日本人〟は悪くはないが、〝日本〟という国が悪いのだ」と言う。このような話は、韓国だけでなく広く東アジアでよく聞く。越田稜編著『アジアの教科書に書かれた日本の戦争――東アジア編』（梨の木舎、二〇一七年）によれば、中国の教科書では日中戦争当時の占領者日本（軍国主義者）と現在の日本人を区別していて、日本人に対する憎しみを抑制している。つまり、日本政府と日本国民を区別している。しかし韓国ではそのような区別はうまくいっていない。戦後七十余年も経過すれば、植民地の直接体験者は少数であり、記憶も薄くなっていく。しかし民族主義とグローバル化が交差しながら反日感情はむしろ増幅しているのだ。

反日感情をテストする時、私はよく「東海か、日本海か」という質問をする。地図には韓国の東海を「日本海」と表記している。日本の国名を含む Sea of Japan というのが問題になっている。これまで「日本海」は時々、日韓の間で問題になってきた。

北朝鮮では「朝鮮東海」と呼び、「『朝鮮東海』は我が国の周辺の海の中で一番広く深い海である」と説明している。中国の教科書には「日本海」と表記されている。

地名の表記の原理には、二種類が考えられる。一つは、固有名詞自体がそのまま実態を表現しているという考え方と、もう一つは、固有名詞はその意味とは必ずしも一致しない、という考え方である。即ち、前者は、「日本海」というのは「日本の領土」を意味するということで、後者は、「日本」というのに深い意味はないということである。

言語学的に言えば、音や文字を意味するパロール（parole）と、意味を持つラング（langue）は根本的に次元が異なる。「日本海」という音声記号は、「領土」を意味するという以前に物体を指しているだけである。地理的な意味の日本海というのは、「日本の海」を意味するのではない。インド洋（Indian Ocean）、英国海峡（English Channel）などの地名が、必ずしもインドや英国の所有を意味するものではないのと同様である。

東洋海（Mer Orientale）を表記した地図（1900年にフランスで発行）

身近な例に、我々が主食にする稲の学名がジャポニカ（japonica・japanese rice）、即ち「日本の稲」である。それに対して反感を持つ人もいる。韓国人、あるいは中国人で、「日常的に食べる稲まで日本の稲（rice）か」と驚く人がいる。韓国語では「倭《ウェ》（日本）ママ（天然痘）」、「香港風邪」などと呼ぶが、地名という意味よりは学術用語にすぎない。日本で生産された人参でも「朝鮮人参」と呼ぶなど、あくまでも名称である。「日本海」の名称は領有権問題とは別であり、このような問題での対立は不必要な摩擦である。

伊藤博文と安重根

一九〇九年十月二十六日、ハルピン駅構内で伊藤博文を襲撃した安重根《アンジュングン》は、日本では殺人者であるが、韓国では義士として英雄化されている。伊藤は日本から見れば英雄、韓国から見れば侵略者である。安重根の伊藤暗殺が犯罪なのか愛国行為なのかは、簡単ではない。日本側から見れば違法であって、当時の日本の法律に従い絞首刑にされた。一方、当時の韓国側から見れば、「敵」を殺したことで処刑されるべきではない。その点が強調されている。

戦争中、作戦地域で敵を射殺する行為は、軍法においては正当化される。防御のために先制攻撃を行っても正当防衛になる。安重根は「独立戦争をしている一環で伊藤を殺した」と

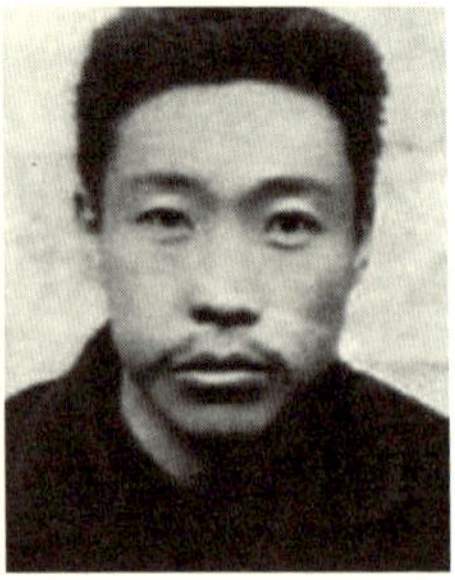

安重根

伊藤博文

主張する。日本の植民地支配に反対して起こった3・1運動は、日本側では暴徒であるが、韓国側では独立運動である。一揆やテロと言えるのである。

　北朝鮮で制作された映画『安重根・伊藤博文を撃つ』では、安重根がクリスチャンであること、安重根と家族がカトリックの信者だった点はまったく反映していない。それは、社会主義国家としてキリスト教を認めないためなのか、あるいは彼の歴史的人物像としての資料を持っていないためなのかは分からない。

　伊藤の人物像がどう表現されているかは、ハーグ事件で責任者の横っ面を張るなど、間違いを厳格に叱るなどの権威を備えた人物としてのイメージが一貫している。また動物園を訪れるシーンなど、生命を大切にするという価値観で描写されている。北朝鮮では歴史的事実に基づいて愛国主義を表現している。伊藤博文を敵と規定し、安重根は死を覚悟して暗殺を行った。安重根は狙撃直後、「大韓帝国独立万歳！」と叫び逃亡はしなかった。

　伊藤は朝鮮（大韓帝国）を日本に併合させるために主導的に推進し、ハーグ密使事件を契機に、高宗を強制退位させ、乙巳保護条約に賛成した〝乙巳五敵〟を中心に親日内閣を樹立するようにした。

安重根は日韓議定書承認に反対し、独立を守るための運動、国債返済のための寄付金募集など愛国行動を行った。義兵活動の延長で伊藤がハルピン駅に到着するという情報を入手し、彼を処断する決心をした。民族や国家を守るためには暗殺も辞さなかったのである。

徐世源監督の韓国映画『トーマ安重根』は、北朝鮮が描いている人物像より伊藤を軽く扱っている。また北朝鮮の映画では、絞首刑の場面は描かずに絞首刑の縄を見せるだけであるが、韓国の映画では絞首刑を受ける場面はもちろん、安重根の息子が毒殺される場面など

安重根が絞首刑された旅順監獄

最近の研究の結果を付け加えている。安重根が絞首刑にされた場面では、宗教映画に転化したのかと思うほど讃美歌が長く流れる。社会の不正を正すキリスト教の信仰で正当化しようとしたようである。

中国の反日との比較

中国の朝鮮族学校の教科書の中に、「思想の品性」に関して日本に対する記述が掲載されている。[1]

一九四一年秋、掃討作戦を行う日本軍に対し、撤退する時間を稼ぐため、五人の兵士が河北省の狼牙山に立て籠もり、本隊と誤認させて日本軍を引きつけた。その戦闘で多数の日本軍兵士を死傷させ、弾薬が尽きると石を投げて戦ったが、最終的には、日本軍に降伏するよりも、山頂の崖から飛び降りることを選んだ。三人は死んだが、二人は木の枝に引っかかって助かった――というのが、公式の話の大筋らしい。

この話、「五壮士」は愛国英雄を褒め称えている愛国主義物語である。粗筋を要約すれば、低い所から上って来た卑怯な敵、即ち侵略者に対して、高い所から討って勝利した。中国共産党人民軍に対する敵は、日本帝国主義者たちである。彼らが集団的に奇襲して上って来る時、中国共産党人民軍五名は大きな岩を転がして上ってくる敵を殺すなど大変勇敢で立派だった。即ち、上って来る時を待って叩き潰し退けた偉大さを強調しているのである。大袈裟に描いているが、これは主に中国人の立派さと強さを表すためである。

この文は、実際の記録としてはあまりにも誇張されている。挿絵を見ても、一人の人間が大きな岩をかついで叩きつけるなどは漫画的である。現代版の伝説や神話を読む気分である。特に、国定教科書でこのようなことを学生たちに教えるのは、事実より愛国的な勇気を教えようとすることである。このような教育は、かつて日本植民地時代に国定教科書で修身などを編纂し「忠君愛国」を教えたことと変わらない。ここでまたか、と感じる。特に注目されるのは、中国の教科書では、〝日本に対して強い中国〟、同時に〝勝利を教えよう〟という点である。

韓国の教科書では、主に被害意識を強調し、日本に対する反日感情は大きく増幅させられる。中国の朝鮮族の反日感情は韓国とは対照的であり、韓国の反日とは異なる。中国延辺大学で長い間朝鮮族の抗日運動史、移民史、日本の侵略史について研究・講義されていた故朴昌昱教授と故鄭判龍教授は、韓国人学者たちの反日感情の強いことに驚いた、と言っておられた。独立運動をするために、多くの愛国者が満州に移住してきて定住している中国側から、そのような発言を聞いて私は非常に驚いた。その後、多くの朝鮮族の同胞たちからも、それと似た多くの意見を聞くことができた。

中央アジアのハン教授も、韓国の学者たちがこちらに来て、我々を愛国運動家として扱うことが時々あって面食らわされる、と吐露した。北朝鮮、サハリンなどの地においても、韓国の反日感情とは異なる。サハリンの韓国人たちは、未だに日本植民地の中で暮らしているようである。「この大きな島を日本に残してくれたなら、原油があり、よく発展させたのに」と言いながら「我々はここの広い、資源が多い国に住んでいる。韓国はとても狭い。これを日本がそのまま支配していれば大金持ちになったのに。金、石炭、ガスなど天然資源が豊富だろう、日本の技術で開発したらすぐ金持ちになるのに。ところがロシア人たちは、千島列島さえ日本に返還してはだめだと言う」などという不平を言う人もいる。

Ⅱ　反日暴力

旧朝鮮総督府庁舎をめぐって

韓国では、日帝植民地の残滓は悪いものと考えられている。最小限の肯定的なものもあってはならない、捨てなければならない、という考え方によって、朝鮮神宮と旧朝鮮総督府庁舎は破壊された。しかし、植民地時代に日本人が住んだ住宅は、争って自分の所有物とされ、今も使用されている。

旧朝鮮総督府庁舎は景福宮の前に建っていて、「風水信仰上、悪い」という国民世論が醸成され、破壊された。つまり、日本植民地政府が、朝鮮総督府庁舎の向きを景福宮の正門である光化門と若干斜めに位置させ、風水的に悪影響を及ぼす手法をとって建てたものだとしたのである。

旧朝鮮総督府庁舎は、寺内正毅総督がインドの総督府庁舎を参考にして計画し、当時のドイツの建築家のゲオルゲ・デ・ラランデ（George de Lalande）が設計し、一九一六年に着工、長谷川好道総督を経て、一九二六年に斎藤實《まこと》総督の時に完成した。

戦後、米国軍政庁として、一九四五年九月九日には日本の降伏文書伝達式がここで開かれ、その後三年間、キャピタル・ホール（Capital Hall）に使用されて「中央庁」と呼ばれた。一九四八年八月十五日、韓国政府は立法会議所、第一共和国政府庁舎として使い、李承晩大統領の就任式、制憲国会の開会式などがこの広場で開かれた。朝鮮戦争期の一九五〇年九月には、北朝鮮軍による放火で内部が全焼、一九六一年から復旧工事に着手して六二年十一月に竣工、国務総理の執務室（旧総督室）とその他行政機関が入居するなど政府庁舎の機能を回復した。

戦後、この建物を最も長く使用したのは朴正熙大統領だった。一九六二年、政府庁舎とし、六八年には光化門を立てた。八四年、第五共和国時代に、内部を改造して中央博物館に使用した。即ち、実際には植民地政府より韓国政府が使用した期間の方が長いのである。

ある頃より「旧朝鮮総督府庁舎を壊そう」という意見が広がり、「壊す」ための世論が作られた。そこでの議論は二つに要約される。一つは、ともかく破壊しなければならない、他の一つは、植民地時代の遺産だから保存すべきである、というもの。メディア側では「破壊」の意見が圧倒的に強かった。そして、当時は「破壊反対」の意見はほとんど報道もされなかった。しかし歴史学界は、壊すのではなく移転するのが良いと言い、建築学界は、歴史教

朝鮮総督府（絵葉書，1925～33年）

育の現場として利用しなければならないと言った。たとえ植民地史でも、それも韓国の歴史として認め、保存しなければならない、という意見もあった。さらに、経済的な損失などの理由で破壊には消極的な反対意見もあったが、大勢に敵うはずもなかった。

旧朝鮮総督府を意図的・計画的に解体撤去するというのは歴史破壊ではないか、とソウル市長に質問した人がいた。日本の産経新聞社ソウル支局の黒田勝弘氏である。

彼に対して韓国のメディアは、

「日本の記者の妄言に怒り」というタイトルで、「日本人が昔、韓半島を支配した栄華に懐かしさを抱き、歴史に対する反省もなく、韓国政府の決定に露骨に反感を示した破廉恥な質問だ」と非難した。日本人には追憶と誇る心だとしても、韓国人には恥辱と悲惨な歴史意識を生み出すことになり、「妻が強姦されて生まれた子供が、いくら可愛くても、自分の子供と同じように扱うことはできない」と表現されるように、無条件に破壊すべきであるという主張だった。

日本植民地政府は「風水」を分かっていたのか

旧朝鮮総督府庁舎の破壊を主張する人々は、日本の植民地政府は風水的に工夫して、朝鮮の幸運を阻止するため風水の原理を利用した、と言う。つまり、朝鮮で英雄が出ないよう風水上工夫した、と言うのである。そこに破壊する理由がある。この建物が総督府庁舎だったからではなく、日本が我が民族の精気を切断するために刺した毒針であるから、それがいくら美しい建築物であっても破壊しなければならない、という結果となったのである。

新聞記者のハヨンソプ氏は、日本の植民地政府が、徳寿宮前に京城府舎（今のソウル市庁）を建て、景福宮の前に朝鮮総督府を建てたのは、韓国民族の気脈を切り捨てるという意味が少なからず含まれており、湧き上がる精気を防いだものであると言う。また日本人は、三角山（北漢山）の岩に穴を空け、鉄を溶かして注ぎ込み、北漢山、俗籬山、摩尼山、九月山などでもそのようにし、昌慶宮に五百本の桜を植え、蔵書閣の前に鉄柱を打ち込み、永遠に植民地支配をしようとしたのだと言う。

ソウルの旧朝鮮銀行（現韓国銀行貨幣金融博物館）

朝鮮総督府庁舎自体が一つの大きな鉄柱であり、上空から眺めてみると、日本の「日」の字、京城府舎が「本」字の屋根に見えるのは、そのような植民意図が潜在している。日本は風水を利用して、韓国の精気を切ろうとして朝鮮総督府庁舎をそこに建てたのだから破壊しなければならない、とも言われた。

記録文学会編『恥ずかしい文化踏査記』（記録文学会、一九九七年）は、一九九三年、韓国外国語大学校の学生たちで結成されたこの会が、三年間にわたり日帝残滓について踏査と取材を行い、その結果を報告したものである。日帝残滓は恥ずかしいものであり、朝鮮総督府庁舎は撤去しなければならない、植民地政府が造った道路も風水上の毀損であるので、これもすぐに撤去しなければなら

大田独立記念館

ない、と。

〝我々を考える会〟（会長グユンソ）では、一九八四年に鉄柱二十七個を引き抜き、その中から十五個を独立記念館に寄贈し展示中だという。

風水の研究家・崔昌祚氏は、貴重な文化財をそのような旧朝鮮総督府庁舎の中に保管することは侮辱であり、日本人観光客がその前で記念写真を撮るのが嫌だから撤去しなければならない、とテレビカメラの前で話した。また、多くの署名運動や撤去を促進する大会が繰り広げられた。

もし日本植民地政府が、風水上、景福宮は山脈の中心または地脈が流れる所で、庁舎を建てれば朝鮮の運命が断たれることが分かっていれば、王の位牌を祀る宗廟や陵などに対しても同じ方法で毀損しなかったのか、という当然の疑問が生ずる。また、王朝の象徴として歴代の王の位牌を安置している宗廟を破壊するとか風水的に処置しなかったのは、風水を一括的に扱っていない証拠である。同様に、もし日本が風水信仰を信じていたとしても、地理的なメカニズムが強い風水が韓国人か日本人かの区別が難しいことが分かって日本にも損害が及ぶだろう、と恐れるはずである。

当時の日本人が風水を真剣に信じたとは考えられない。むしろ風水上極上地という「明堂」が、朝鮮に不利で日本には有利だ、という信念がなければ、「日本が風水を利用した」と言うのは無理である。

〝十三人委員会〟

日本が朝鮮半島を植民地化した時、日本植民地政府は、韓国人の中で易理《えきり》に詳しい十三人でいわゆる〝十三人委員会〟を組織し、鉄道や開発破壊にも風水を制度的に利用した、と言う人もいた。では、〝十三人委員会〟とは何なのか。大阪市立大学の野崎充彦氏は文献を追跡して、李氏に直接会って話をした結果、その委員会に関するものは資料価値がないと判定した。韓国の世論はこのような文献の信憑性に対しては問題にすることもなく、一般的に報道し世論を作り上げる。このようにして〝日本＝植民地＝悪〟の公式が作られている。

旧朝鮮総督府庁舎と光化門（1993年撮影，写真提供：イスソン）

風水上の脈を切る「断脈」の話は、中国にもある伝説のようなものである。慶尚北道の星山では、有名な学者が多く出ることを防ぐため、明の使臣が山の脈を切り鉄柱を打ったという。そのため、以後人材が輩出されなくなったという。これはおそらく『八城志』の話が歪曲されて語り伝えられていたのであろう。韓国から偉大な人物が出ないよう脈を切ったという話は、中国人が鉄柱を打ったという説の主語が、明から倭（日本）に替わっただけで、歴史的事実とはかけ離れている。

以上のような「断脈」の風水説は、さまざまな反日感情の一つにすぎず、風説にすぎない。知識人の中には、風説だとはねつける人もいれば真実だと考える学者もいる。風水が重要な要件ではなくてもそれを信じて実行したのは事実である。

このように作られた世論をもとに、旧朝鮮総督府庁舎は破壊される方向へと導かれていった。全斗煥大統領は一九八六年八月二十一日、中央博物館移転開幕式において、歴史的な恨みのある建物であるが、生きている教育現場として活用すべきだ、と述べた。しかし一九九一年一月に景福宮復元十年計画を発表し、その一環として旧朝鮮総督府庁舎を撤去すると発表した。

金泳三大統領は一九九三年、青瓦台の中にあった総督官邸を破壊し、「我々の先祖の輝かしい遺産であり、民族文化の精髄である文化財を旧朝鮮総督府に保存することは明らかに間違っている」と言い、旧朝鮮総督府庁舎の解体とともに国立中央博物館建設計画に着手し討論するよう黄寅性内閣に指示、旧朝鮮総督府庁舎を撤去する計画を発表した。

旧朝鮮総督府庁舎解体撤去

一九九五年三月一日、旧朝鮮総督府庁舎前で解体撤去の宣言式が盛大に行われた。庁舎の正面の上には横書きで「旧朝鮮総督府建物撤去」、中央には景福宮復元図、その右側には縦書きで「3・1民族精神、未来の波」、左側には「民族精気を回復して、世界化の主役になろう」と書かれていた。

儒教式に帽子と礼服姿の司祭者が線香を立てて祝文を読み上げた。「朝鮮王朝五百年の間に倭乱、日韓併合で三十五年間の恥辱から解放されて、光復五十周年を迎え三・一独立宣言の意味に従い、旧朝鮮総督府の建物を撤去し景福宮を復元し、民族を取り戻して世界化を進めよう」という内容の「告由文」だった。民族楽器の演奏と民族衣装を纏った人々の舞が続く。また民族音楽を代表する人が小鉦伴奏で祝願した。

この時、世宗文化会館で記念式を終えた行列が光化門を通って壇上に登った。行列が到着すると、登場した国立博物館長鄭良謨氏の経緯報告、朴斗鎮氏の詩「我々は今立ち上がる」という民族精神と独立精神の朗読があった。李洪九国務総理をはじめ国会副議長、国会文化広報委員、文化部長官、光復五十周年記念事業会長、国立博物館長などが白い手袋をはめ、「旧朝鮮総督府建物撤去」の扁額掲揚のボタンを押した。

ゴム風船とともに国旗が浮かび上がった。この場面を見ていた男子が感動して涙を流す。国立国楽院の舞踊団が宮中舞踊を、国立合唱団が安益泰作曲の「韓国幻想曲」を合唱する。国旗を持って踊りまわり、国楽、民謡などを歌って大いに盛り上がったイベントだった。

八月十五日光復五十周年記念式および慶祝行事とともに、旧総督府庁舎の尖塔が取り外された。大型クレーンで中央ドームの最先端部分の高さ七〇メートルから地上に吊り降ろしたのである。韓国政府は撤去に関して「日本帝国主義の植民地統治の象徴であり、日本帝国主義の残滓としてソウルの真ん中に残っていた旧朝鮮総督府庁舎が、独立から五十年ぶりにな

旧京城府庁舎（2017年）。背後は現ソウル市庁舎

くなり、日本帝国主義によって傷つけられていた景福宮がその本来の姿をとりもどす」とコメントした。

撤去工事は白い布で覆われてその後ろで進められた。解体が本格化している中、建物に地下室があることが分かった。地下室は広さ約八三平方メートル、四つの部屋に仕切られ、そのうち一つは大人一人が坐れるだけの広さである。この土間には壁の下に沿って水が流れるようになっており、中央博物館側では、拷問された人が気絶したり、血を洗い流したりする時にかけた水を流し出す排水溝ではないか、と推測した。韓国のマスコミは一斉に「拷問取調室」と報道し、日本側の関係者は否認した。一九九六年十一月三日、完全に取り壊された。マスコミは「これでソウルのメインストリートの世宗路から景福宮の勤政殿が見えるようになった」と報道した。一八八八年当時の朝鮮王朝の王宮の四〇％程が復元されたという。

この日本帝国主義の植民地建築については、戦後ナショナリズムに便乗した学者による言動、そしてそれが政治的に世論化し、結局は破壊にまで至ったのである。世論により政策を広げて正当化した破壊である。歴史的な建築遺産が破壊された。これは、一般的な開発政策による古い建物の撤去や破壊、古い品物の修理・補修・修復などの処理とは異なる。民族主義による〝破壊のための破壊〟だった。解放直後の乱暴な破壊の延長だった。それは戦後の〝全民族的反日神話〟の創出による犠牲のメカニズムとして行った暴力だった。

抑圧政策を受け継ぐ

日本が植民地を効果的に経営するためには、そもそも朝鮮にとって運の悪い事柄は、結局日本のためにもならないのである。朝鮮総督府が植民地を経営するためには、風水上重要な場所を壊したり傷つけたりするのが良くないことは当たり前のことである。日本のためにも損をするような鉄釘を打つことはしないはずである。もちろん宗廟と昌慶宮との間に道路を通して竜脈を切ったという話もあるが、それで王朝の運を切ろうとしたとは思われない。

朝鮮総督府は最初から近代化の開発政策の立場で、風水のような迷信を打破しようとした。

光化門と後に撤去された広場

墓地制度を改革し、共同墓地制度を実施しようとしていたことを見ても分かる。ただ風水に対する配慮が不足した政策ということも分かる。旧慣の調査はどこまでもこのような「悪弊を改めると同時に良い習慣を尊重し、朝鮮の政治をして、朝鮮人の実生活に適応せしめることに努力した」のである。

では、日本の植民地政府は何故、風水で明堂と呼ばれる景福宮の前に朝鮮総督府の庁舎を建てたのか。言うまでもなくそれは、植民地政府が被植民地を威圧しようとする植民地主義の〟植民地建築〟であると見ることができる。当時の予算規模からしても、無理をしてまでも植民地における権威のためにこれを建てたのである。復興式五階建て、総建坪九千六百余坪、花崗岩張りの鉄筋コンクリート造り、約六〇メー

京城駅旧駅舎

トルの高さがある青い中央塔は、どう考えても日本帝国の権威を朝鮮人に見せびらかすために造られた大規模な建物で、朝鮮王朝の王権を制圧しようとする典型的な植民地建築だった。

韓国人が反感を持っているのは、実は風水自体にあるのではなく、朝鮮総督府庁舎という植民地建築に対する反日感情によるものである。韓国政府は反日感情を強化するために風水説をでっち上げて利用したにすぎない。それくらい韓国人は風水を真剣に信じているからだ、と言うこともできる。実際、真偽が問題ではない。説得力をもって訴えることが大事である。その背景には反日感情が潜在している。それが旧朝鮮総督府庁舎を破壊した暴力にほかならない。[2]

植民地を非難し批判する人はたくさんいても、それを直視した研究は多くはない。もちろん植民地に関する研究がないわけではない。ほとんどが独立運動史や侵略史中心であり、植民地を客観的な視野から把握しようとした研究が少ないということである。従来、韓国の現代史においては日本の植民地体制を扱うことはほとんどなく、主に反日独立運動を中心に取り扱われてきた。

植民地にされた国が、旧宗主国に対して否定的であるのは事実だ。しかし、その様相は必ずしも同じではない。前述したように、宗主国に対し肯定的に見ている国も少なくない。否定的か肯定的かを問わず、その植民地の歴史はどのようにでも存在する。リッグ（Riggs）は、支配国に抑圧される植民地を経験した社会は政治的または行政的に競争が激しく、賄賂や門閥主義のような状況が多いが、それは支配国が自国の利益のために開発し経済的に運営しながら、政治的には抑圧してきた政策を受け継ぐためだという[3]。

Ⅲ　シンガポールの植民地遺産

日帝支配がもう一年続いていたら

多くの東南アジアの諸国がヨーロッパの帝国によって植民地化されてきた。英国はマラッカ、ペナン、シンガポールを占領し、マレー連邦を作り、植民地として経営した。職を求めてインド、中国などから移民してきた人々で人口構成されたシンガポールは、十九世紀中葉から百二十余年間、英国の植民地であった。

そこへ日本は、「植民地から解放してやる」という「大東亜共栄圏」のスローガンの下、「アジアはアジア」と唱えて侵入した。反英植民地の世論が盛り上がり、日本軍を歓迎したシンガポールは、一九四二年二月十五日、比較的簡単に陥落した。日帝の占領期には昭南島と呼ばれた。

日本は、英国の植民地からシンガポールを解放するという名分で侵略し、住民を無差別に殺傷し、拷問で死亡させるなど残虐なふるまいを行った。軍事独裁であることを知った住民たちは、英国植民地時代の自由主義などを思い出し、日本への抵抗を始めた。特に中国系の人たちが広範囲な反日組織で抵抗したため、日本は強権的に対処した。独立運動家を見つけたら、吊して水を飲ませる水拷問、爪剝ぎなど恐怖と呪いを与える刑罰を加えた。

日本は強権的であったが、すべての民族に対してそうしたわけではない。マレー人に対しては比較的に友好的であった。シンガポールのインド人に対しては、インド独立運動をするよう援助し、インドを分裂させ征服しようとした。

日本は強圧的な態度を選び、国家神道と日本精神、そして日本語を強要しながら統治した。日本語を〝国語〟とする教育を行い、皇国臣民とするために日本精神を植え付けようと同化政策を実施した。李香蘭などが登場する写真、映画を通して宣伝を行った。日本人に無礼な態度をとったといってすぐ鞭打ちをするなど、大変強権的・強圧的であった。言葉だけで、「アジアは皆兄弟だから西欧の侵略を防ぎ、〝大東亜共栄圏〟を作らなければならない」と言ったのである。

日本のシンガポール占領はシンガポール人たちに独立心を植え付け、マレーの中国人、インド人などに対しては差別的な政策を行い、多民族国家に致命的な悪影響を及ぼした。シンガポールが英国相手と異なり日本に対し反感を持ったのは、住民の七〇％以上が中国系で、彼らは中国を母国と見なしており、一九三七年日本が中国と戦争を起こしたので、日本を敵として見るようになったことによる。彼らは反日運動を展開し、英国の助けを受けた。

このような事情はマレーシアでも似ていた。中国系の人々は自然に反日運動を展開するようになった。反日勢力と英国は行動の上で一致したのである。

連合国の爆撃と日本軍の残虐な統治などで、シンガポールは大変厳しい状況であった。日帝の支配がもう一年続いていたら、住民はほとんど飢え死にするところであったという。夜間の消灯、徴兵、食糧難などで苦労したため、日本に対する印象は大変悪かった。一九四五年八月十八日まで、悲劇的な暗黒の時代だったという。当時の憲兵隊司令部があったＹＭＣＡの建物には、日本の残虐性を示す立札がある。英国植民地時代の財産を「敵産」といって売却したが、使用権をめぐりいざこざが起こることもあった。

「連合軍の蛮行」

一九四五年、日本の敗戦で当時の英国軍が進駐した。多くの日本軍が捕虜になり復讐された。二〇一五年十二月十一日の「毎日新聞」の4面に、全羅南道宝城郡出身の在日韓国人李鶴来（九十）は、シンガポール・チャンギ刑務所の写真を保管している、といった記事が出ている。シンガポール全市の中、朝鮮半島から三千人以上が軍属として捕虜収容所などに派遣

オ・ヘンソクが描いた絵（韓国・民族問題研究所蔵）

され、その写真の持ち主はタイ－ミャンマー鉄道建設の管理業務に従事して、連合軍の捕虜になり、一度は死刑判決を受けたが減刑され、日本の巣鴨刑務所に移管された後、釈放された。

シンガポールのチャンギ刑務所、当時の捕虜収容所で監視員（日本の軍属）オ・ヘンソクが敗戦後の状況を描いた絵（韓国・民族問題研究所蔵）を注意して見れば、連合軍によって日本人、韓国人たちが死に直面した「連合軍の蛮行」を知ることができる。

戦後再び英国の保護領になり、英国の支配を受けたのち、1956年新しい憲法を制定し独立したが、1963年に独立マレーシア連邦国になった。1965年マレーシア連邦から分離独立した。植民地時代の言語である英語の存続可否の問題が生じた。独立後国民に各少数民族のアイデンティティを尊重し自ら言語を選択し教育するようにしたが、圧倒的多数が英語（植民地言語）を公用語に選択し英語圏国家になった。今、公用語は英語と中国語、マレー語、タミール語である。(4)

被植民地の歴史がある国の中で、終戦後独立して急速に発展したシンガポールに対して、私は非常に大きい関心を持ち、数回の調査に出向いた。最初の調査は一九九六年十二月末から一九九七年初めまでである。

シンガポールは小さい都市国家でありながらも、植民地から解放され独立国家として混乱期を経験した。英国の植民地支配から得た自由と正義によって、特に不正・腐敗を果敢に抉り出し、国民の幸福のための福祉開発計画を推進し、国民福利に努力し、予測可能な政策を効率的に執行した結果、世界で最も事業しやすい経済力のある国家に変貌することができた。

シンガポールは今、世界の中でも住みよい国の一つといわれる。英国の植民地時代の開発と、これを戦後も持続的に発展させたためだという。英国の植民地遺産を基本に、先進的な市民社会を作ってきて集中させた結果、偏狭な国家主義には陥らず、今のような中国系の民族を中心にした多民族先進国家に至ったのである。東南アジアの多くの被植民地国家も、植民地時代の政策をそのまま受け継いでいるようである。

植民地時代を隠さないシンガポール人

日本の関西空港を出発し、マレーシアのクアラルンプールで数時間現地調査をし、翌日、シンガポール行きの飛行機に乗った。私が指定された座席を間違って坐り、乗客がそのまま座席を譲ってくれたことで、マレーシア系の男性と会話を交わした。

――シンガポールでは中国系の人口が七〇％以上を占める。ここの中国人も、中国に住む中国人と別に変わらない。彼は二十六カ国を相手に商売をしていて、シンガポールを経由してロンドンに行くところだ、と言う。十六歳の息子がいるようだが、彼の話からは大家族主義が感じられた。シンガポールの中国系の人々には、堂々とした都市空間で西欧文化を身に着けた個人主義があるように窺われる。中国大陸にいる中国人の文化気質とはかなり違うように思われた。それは英国の植民地による影響であろう。

シンガポールに到着し、タクシーに乗ってすぐこの国の全体をジグザグに走った。シンガポールは本当に小さな国である。小さな国だからといって問題があるわけではない。むしろ商店街がコンビニのように市民生活の近くにあって便利である。国民福祉を優先した幸福な生活の基盤として、国の大きさは問題にならないと思う。

シンガポールの植民地遺産，現最高裁判所

市内を廻る定期観光バスに乗った。朝九時に旅行社から迎えに来た。ホテルから英国人、アフリカ人、中国人の三人と一緒に小型乗用車に乗り、バスセンターに行きコース別に分乗した。大部分はヨーロッパから来た観光客で、東洋人はタイ人とブルネイ人、インド人であった。二四ドルを出してステッカーをもらい、左胸に付けて大型バスに乗ってみると、我々のコースは四十人余りの満員であった。

ガイドの女性は三十代で、長い藍色のズボン、半袖のワイシャツの上にチョッキを着用していた。彼女が何回も人数を点検した後、九時半に出発した。コースは全部で三時間半かかった。このバスは一日二回廻る。案内はすべて英語であった。ガイドは車内マイクを通してまず全体的な日程を説明した。案内の内容は次のようである。

有名なレストラン、ディナーショーを観ることのできるレストラン、聖公会の教会、商店、ポーカーができる施設、英国植民地と日本の侵略遺跡地、英国人が最初に入港した港、鉄道、中国人の寺院などがある。写真を撮る時の費用は二ドルで、いろいろな少数民族の宗教があり、ヒンズー寺院に入る時は裸足になること、ここの建物の木材はアメリカやニュージーランドなどから輸入したものであること、さらに外貨を替えられる所、蛇を肩に担いで写真が撮れる所などの案内があった。

初めに立ち寄った所は、インド人が密集して住んでいる街であった。インド人女性の額には丸いマークがあり、黒いのは未婚、赤いのは既婚の表示だという。アパートの窓に、竹に洗濯物をかけて旗のように掲げているのを見て彼女は、"wash clothes flag"と言った。洗濯物を干してある風景である。多民族国家、植民地時代の遺産である市庁（City Hall）、大法院（Supreme Court）、郵便局、経済地区、植物園、港、ゴムの木の森、戦争記念公園の中に建てられた塔は、一般的な名と〝箸の塔（chopstick tower）〟という別名でも紹介した。そこでは、第二次世界大戦の時の日本軍の占領（一九四二〜四五）で犠牲になった人たちを追悼している。案内者は英国の時と違って、嘲笑うような様子で紹介した。

丘から眺めると、多くの石油タンクが目に入って来る。宝石工場に立ち寄りショッピングをし、植物園コースを最後に出発地に戻った。いろいろな定期観光コースがあるので戻ってもう一度利用しなさい、ということと、個人的にもタクシー、バスなどを利用して観光ができるという全体的な紹介があった。

次の日、違うコースのバスに乗った。国家的産業という織物工場、国立公園では蘭の花を見た。産児制限の家族計画はなく、誰でも働いていなければ年金はもらえない。家族手当はない。本人が直接働かなければもらえないので、働く人だけが厚遇を受ける、と強調された。英国植民地時代の政府庁舎をはじめ刑務所（一八九五年建立）、宮殿、市庁、国立博物館の常設展示室では植民地の歴史をミニチュアで展示していた。

箸の塔

英国人の墓地もきれいに整えられていた。ほとんど植民地時代の歴史的遺物である。日本と日本人に対する反感と恐怖が、深く残っている⑤。最後に、マレーシア側の観光後、それぞれが個別にホテルに帰れるよう降ろしてくれた。

バスガイドから聞いた話の中で、関心のある所をタクシーで見て回った。日本の侵略による犠牲者の記念塔と、日本人墓地も訪れた。この国では、人々は墓に花を供える習慣はない。「おそらく自然に花が沢山咲くからではないか」と、運転手から冗談っぽく言われた。

市内に行く電車に乗った。移動する短い区間の間でも、車内では英語、中国語、マレー語などで案内放送があった。私は二回の観光バス、タクシー観光、そして日本人の墓地などに関する調査を通して、彼らが植民地時代を隠蔽したり否定的に説明したりしないことを知った。英国植民地支配に比べれば三年半程度の非常に短い期間の日本の占領であったが、これよりずっと長い英国の植民地時代に対しては肯定的・客観的という印象であった。それはマレーシアでも同様だった。長い英国の植民地支配に対する恨みのような感情よりは、短期間の日本の占領に対して否定的なのは何故なのか。

植民者ラッフルズの足跡

トーマス・スタンフォード・ラッフルズ（Sir Thomas Stamford Raffles 一七八一～一八二六）が上陸した海辺を歩いた。アジア歴史博物館を観覧し、ラッフルズ・シティで昼食をとった。そこで、以前にも抱いていた疑問が蘇った。至る所に「ラッフルズ」の名前が見られるのだ。ラッフルズを記念した遺跡があちこちにあり、ラッフルズの写真を貼り付けた電車駅、地名や建物に「ラッフルズ」の名前を付けたデパートとホテル、記念館、博物館などがびっしりとある。ラッフルズ・アヴェニュー（Raffles Avenue）、ラッフルズ通り（Raffles Street）、ラッフルズ駅（Raffles Station）、ラッフルズ・デパート（Raffles City）など、ラッフルズ・プラザ（Raffles The Plaza）ホテルで生演奏を聴きながらお茶を飲み、ボート・キー（Boat Quay）川辺を散歩した。港を見下ろす高台には彼の像が立っている。書店に立ち寄ると、やはりラッフルズに関する本が多い。

では、ラッフルズとはいったいどんな人物なのか。彼は一七八一年、西インド諸島のジャマイカ海岸の船上で、その船の船長ベンジャミン・ラッフルズ（Benjamin Raffles）の息子として生まれた。彼の生涯は海の上で始まったのである。

経済的な事情から十四歳で学校を中退し、独学で東インド会社の正社員になった。一八〇五年、ペナンの書記補に任命され、マレー語の翻訳の仕事に従事した。結婚してすぐ、婦人とともにペナン島に向かう中でもマレー語を習得する。彼は語学だけではなく植物学、動物学、歴史学、さらに東洋の文化・歴史・美術・宗教・植物・動物などに関心を持った。優秀な博物学者や考古学者などと探検隊を組織し、原住民の文化を記録し収集した。

一八一〇年、ジャワ遠征を主張、インド総督の代理でマラッカに赴任した。翌年、英国がインドネシアからオランダとフランスの商人を追い出すと、彼はジャワの副総督になり、後にスマトラの知事になった。一八一一〜一六年、土地改革や行政改革などを行い、福祉や貿易政策にも熱心だった。その後、同僚に告訴され、疑惑の人物としてジャワ副総督を解任された[6]。

一八一八年、新しい拠点を作ろうと、マラッカ海峡の東側の入口、マレー半島の先にある島々を探索して、当時無名に近い漁村シンガポールに注目した。一八一九年一月二十九日、シンガポール河の河口付近に上陸して、原住民の酋長を通して王（スルタン）を擁立し、半強制的に英国と協定を結んだ。それに基づいてシンガポールを自由貿易港にすることを宣言し、奴隷貿易の廃止、賭博・アヘンの一掃など、理想の港湾都市を目標にして多様な指示を出した。

シンガポールの初代駐在官として彼と一緒に上陸したウィリアム・パカを責任者に任命し、すぐシンガポールを発って英国に戻った。英国で彼は研究に没頭した。一八二二年、シンガポールに帰り、「世界のどこよりも活気あふれる光景」とほめたたえた。同時に、シンガポールの急速な発展に伴うよう住民に秩序意識を植え付け、都市建設の方針を再検討した。文化や教育にも力を注ぎ、植物園、博物館の計画の他、彼自身も多額の寄付金を出しマレー語学校の「シンガポール学院」を創設し、スルタンのモスク建立にも協力した。こうしてラッフルズは、シンガポールの近代化の理想とその基礎を確固たるものにしたのである。

ラッフルズ・ホテル

彼は動植物や歴史・言語・文化を熱心に研究し、一八一九年にラッフルズ博物館を設立した。そして一八二六年、英国のバベルト（Bavert）で亡くなった。

その四十四年間は、東インド会社の社員としてシンガポール島を買い入れるようにし、その後中国人、インド人を移住させて今のシンガポールの基礎を作った、英国の植民地統治者の一人としての生涯である。東インド株式会社を通して土地を改革し、道徳的な自由港の都市社会に発展させるべく努力した。多民族国家であるシンガポールを統治するためには、法の下に平等であることを徹底させた。社会秩序を維持するための犯罪予防政策によって、まず奴隷貿易、賭博、闘鶏などを禁止し、アヘンと酒に制裁を加えた。彼は植民地行政家であり、研究者でもあった。英国の植民地の支配者たちは、十八世紀初頭から被支配の原住民の文化を考古学的な発掘などを通して研究し、博物館を創立した。

観光資源としての植民地遺産

シンガポールは独立後、多民族・多文化国家としての国家のアイデンティティを優先したので、民族主義が形成されにくかった。英国は戦後も、東南アジアの帝国の門戸としてシンガポールの重要性を認め、植民地時代の機能をある程度維持しながらコメの貿易などを推進してきた。ただ英国植民地の歴史と日本侵略の歴史を国民は体験して知っていて、そのことで民族のアイデンティティを形作ろうとしていたのである。(7)

シンガポールは植民地の文化遺産をどのように処理したのであろうか。植民地の歴史は事実として存在するといっても、香港やシンガポールのように肯定的に見る国もあれば、韓国やインドネシアのように非常に否定的に見て、残滓を清算しようとする国もある。被植民地はどこであれ、植民地支配によって傷を持つのは事実であるが、その傷をどのように治しているかが私の関心事である。シンガポール国民は植民地の宗主国である英国に対して、その文化遺産をどう処理しているのだろうか。

まず気になるのは、ラッフルズという人物である。独立国家シンガポールで、大英帝国の支配者であった彼の名前と功績が称賛されているのは、いぶかしいことである。彼は英国の植民地統治者であり、このように記念されているのは何を意味するのだろうか。シンガポールの現代史は、ラッフルズが一八一九年に、この島を英国人の移住地に決めたことから始まっている。以降、ほぼ一五〇年間、英国がシンガポールを統治した。日本は占領するとすぐに、大英帝国を象徴するラッフルズの像を国立博物館に移した。戦後、シンガポールは再び、彼の誕生日である一九四六年の七月六日にビクトリアホールの外に立てた。

英国の植民地遺産に対するシンガポール人の評価を知るため、ラッフルズ・ホテルを例に挙げて説明してみる。初めこのホテルは、独立国家シンガポールにあって政府の政策を進めるのに障害物に思われた。都市計画を構想する中で植民地の建物が問題になったのである。すなわち、植民地の歴史的建築であるラッフルズ・ホテルなどが、都市開発にとって躓きの石になったのである。植民地遺産の建物を撤去するか、そうでなければ利用するかである。保存か撤去かの意見が対立した。このような対立は、戦後世界の多くの国々で見られたことである。これに対して、さまざまな関連当事者を含めた多くの討論が公正に行われた。ほ

ラッフルズ

とんど学者、評論家の意見が主をなした。

戦後、新興国家建設にナショナリズムの盛り上がりがあり、民族主義的意見が表出した。つまり、大英帝国の植民地文化遺産を撤去・破壊しようという意見である。また政策の樹立にあたっては、急速な都市化に伴い行政家たちから、産業、商業および住居の使用を許可する地域に、植民地遺産の土地や遺跡があることは非生産的だ、という意見が出た。つまり、植民地時代の建物を壊して植民地の残滓をなくすと同時に、新興国家らしい建設をしようという意見である。

反対に、英国の植民地遺産が新興国家建立の基礎になるので保護する必要がある、という意見も出た。大部分は、植民地遺産に肯定的な立場をとりながらも直接的な言葉をつつしんで、ほとんどは観光資源として価値が高いというふうに表現した。

次第に、植民地時代に計画されたと同じように都市計画を推進し(8)、遺産を保存する側に傾いていった。すなわち、植民地主義と国家のアイデンティティを主張する意見を抑制させたのである。文化遺産の保存と観光を合わせて、観光の収益性と開発による都市発展の環境が検討された結果である。文化遺産を観光の次元で重要視することについて、植民地遺産を悪用することにならないか、という意見も出た。

結局政府は、過去とリンクした歴史的なランド・マークの役割と認識し、文化遺産を積極的に保護することにし、一九九〇年には文化遺産などに指定して保存するようにした。そして国家は包括的な計画で、開発者および所有者に規制を加えた。このようにして、植民地時代の建築物が堂々と国民の関心を引くようになったのである。植民地様式で建築されたラッフルズ・ホテルの設計者は、建築賞をもらった[9]。また、歴史遺産として国家記念物に指定された。こうして植民地遺産を保存し、今も堂々と使っているのである。

シンガポールは民族主義を強めないで、「世界市民」を標榜する市民社会を築いてきた。かつてオランダ、次に英国、そして日本の占領地であったが、今は東南アジアで最も進んだ国となった。現在、シンガポールでは反英思想や反日感情というものはほとんど感じられない。

ラッフルズの像

東南アジアの被植民地であった大部分の国家では共通して、植民地時代に行った開発を認めている。植民地を〝絶対悪〟と感じさせることはない。このように反英と反日はきわめて対照的である。これは植民地の歴史自体の差異に由来するのだろうか。英国の植民地と日本の植民地に差異があるのか。国民性なのか、そうでなければ戦後の状況によるものなのか。植民地の歴史を記憶する様式の違いなのだろうか。

韓国の反日文化と、シンガポールの反英文化はきわめて対照的である。植民地遺産に対する態度と破壊、保護の政策などについても対照的な立場を知ることができる。

シンガポールでは、前述したように、さまざまな関連当事者を含んで多くの討論が行われた[10]。そこでは、植民地文化遺産は観光資源としての価値が高い、という意見が多かった。その結果、英国の植民地時代の政府庁舎をはじめ刑務所（一八九五年建立）、宮殿、市庁、国立博物館、記念塔、ビッグベン（英国式時計塔と鐘）などが国家記念物に指定されたのである。

「少なくとも今の日本人は、人を殺さない」

私は再度二〇一五年二月二十日に、シンガポールに向かった。飛行時間六時間余り、機内の座席にはＰＣ用の電源があり、原稿書きができた。機内食も美味しかった。入国も問題なかった。空港は、旧正月の観光客と帰省の人たちでかなり混雑していた。空港のトイレで夏服に着替え、ＭＲＴ電車でブギス駅まで行き、そこから徒歩で十五分、街をさまよいホテルに着いた。

電車に乗る度にほとんど、「保護席」（reserving seat）に坐っていた人たちから座席を譲ってもらった。日本の若者の居眠り光景とは全く異なっている。まず電車で居眠りをする人がいない。日本では高齢化社会が心配だと思っている人が多いが、私は若者の衰弱がもっと問題であると思う。

シンガポール国立博物館の戦争展示

国立博物館で日本侵略時期の特別展を観覧した。日本軍の残酷な戦争犯罪に関連した資料が展示されていた。この展示室で、メモをとりながら集中して観ている〝レ〟という名前の女性がいたので、「日本軍の残酷性を観るのは何のためですか」と質問した。彼女は、勉強しているのではなく、ただ日本に関心があり、観ながら歴史と現実を区別するのだと言う。歴史は持続すると言うが、どのように区別するのか、という私の反問に、彼女は「少なくとも今の日本人は、人を殺さない」と言った。

夕方、路地に立って、旧正月の元日を祝う龍の踊りを観た。

この度のシンガポール調査の最大の関心事は、慰安所日

戦前の慰安所だった建物

記を書いた朴氏が住み込みで帳場の仕事をした家を探してみることであった（拙著『朝鮮出身の帳場人が見た慰安婦の真実』〔ハート出版、二〇一七年〕参照）。地下鉄の駅を出て一時間程歩き、六人に道を訪ね、ようやくその番地の家の前に立って写真を撮ることができた。感動の時間であった。入り口の門の両側には竹、灯籠を付けた柱などがあり、その時代のもののように感ずる。この日は不在のようだったが、現在このお宅に住んでおられる方と今後、文通などで確認することができたらいいなという希望を持った。

戦争当時、韓国人が東南アジアのいろいろな国にまで進出して慰安所、陶磁器店、餅屋、菓子店などを営んだり、牧場と農園など各種の商売をやっていたことが分かる。ケアンヒルの慰安所は軍部隊の中にあったのではなく、都市の住宅地の真ん中にあったのを確認することができた。

Ⅳ 展示された「戦争」

広島平和記念資料館と南京大虐殺記念館

加害者意識なき日本人

大日本帝国は、近隣諸国に途方もない被害を与え、そして自らも被害を受けて敗戦した。広島と長崎で無辜《むこ》の市民が原爆で大量虐殺された。広島で保存された原爆ドームは、戦争の被害を象徴的に示している。原子爆弾を落とされたことから、アメリカに対する反核運動を展開していく中で、日本は加害国から被害国に変身した。「加害国」というレッテルを取り替えて、最初の被爆国であり、「被害国」として戦争の惨禍を受けた、と主張し始めた。日本は全般的に被害意識を強化した態度を堅持している。

アメリカの原爆投下については、肯定する意見もある。原爆投下によって終戦が早まることになり、戦争で犠牲になるかも知れなかったより多くの人命を救うためにそれは不可避であった、という立場である。原子爆弾を神の祝福、恩寵であると説教した牧師もいた。

現在の日本人には、日中戦争および太平洋戦争を起こした加害者、という意識が希薄である。広島と長崎の被爆をもって「平和宣言」をする一方、戦争を正当化する。西欧の植民地の侵入を防ぐためであった、西欧がアジアに向かったことに対抗して日本が戦争を起こさなければならなかった、と言う。アジアの共同体の結束でもあり、西欧の植民地化へ抵抗するため隣接国家を併合あるいは植民地化したのだ、と合理化する。日清戦争を起こして台湾と朝鮮を併合し、日中戦争とさらに大東亜戦争も、東南アジアの諸国を英国・オランダ・フランスの植民地から解放するために起こした、と言う。

多くの日本人は敗戦によって苦難を味わった。植民地と戦場に出ていた日本人は、シベリアに強制抑留された人々を除いて全員帰還しなければならなかった。中には遠大な夢を広げようと植民地に出て行って、悲惨な状況で帰国した人々もいる。終戦当時、中国に一五〇万人、韓半島に七十余万人、台湾に四十余万人、さらにサハリンに三十余万人と南洋群島などに数十万人の日本人がいて、帰還してきた。まさに民族大移動であった。敗戦後の大量の帰還と移動によるひどい混乱期に、満州や北朝鮮ではソ連軍により日本人女性が性暴行を受け、男性はシベリアに強制抑留された。当時の被害状況については、最近多くの体験記によって次々に知られるようになった。

植民地時代に韓国に住んでいて、敗戦後日本に引き揚げた日本人たちの集まりに私は何度か出席して、彼らの意見を聞いた。ある人は、解放前は「韓国人と仲良く付き合ったが、日本が負けたらすぐ、それまで仲良くしていた韓国人たちが急にひどい人間に変わった」と言った。「植民地」ということを意識できない普通の日本人の衝撃は、それこそ言葉にならないくらい大きかった。「喜んで万歳を叫ぶ韓国人たちを見て衝撃を受けた」とも言った。またある日本人は、韓国人に背信を感じ、「今度会った時はただではすまさんぞ！　覚えておけ！　また会おう」と恨みのこもった言葉を残して発った。彼らは、韓国人も日本人も、このように別れなければならない事態を想像もせずに、比較的温和な関係を維持して暮らしてきたが、戦後になって日本人と韓国人は互いに敵対関係になった。日本人はこのような侮辱などを通して、被害者意識を持つようになったのである。

植民地から解放された韓国人は、日本からの被害を主張した。韓国人は、日本人が加害者から被害者に変身することに対して非常に否定的である。川嶋擁子のノンフィクション小説がその一つの例である。川嶋擁子は一九三三年に日本で生まれ、咸鏡北道羅南で子ども時代をおくり、一九四五年、日本の敗戦直前、母と姉と一緒にソウル・釜山を経由して日本に帰国した。彼女は日本の京都で中高等学校を終え、京都の大学で英文学を専攻した後、アメリカ軍基地で通訳の仕事をし、アメリカ人の空軍兵士と結婚してアメリカに住んでいる。『竹林はるか遠く――日本人少女ヨーコの戦争体験記（So Far from the Bamboo Grove）』（一九八六年。日本語訳＝ハート出版、二〇一三年）は、彼女が敗戦当時に経験したことの記憶をもとに書いた小説である。

彼女はソ連軍が侵入した時、患者運搬用の車両に便乗し帰国の途についた。元山で列車が爆撃され徒歩で南下する。空襲で死んだ軍人の服に着替え、頭を剃り男装する。韓国人の若者が日本人の女の子を木の茂みに引きずっていって強姦する場面を姉が目撃したこと、釜山でも、男装した日本人女子がトイレから出るのを見届けた四人の韓国人の男に引っ張っていかれて強姦されたことなどを書いた。

この小説はアメリカでは、敗戦状況の苦痛と試練を克服した感動的な反戦小説として高く評価された。一九九九年には Peace Abby 賞を受賞し、「ニューヨーク・タイムズ」の〝今年の本〟に選定され、同じ年、教師委員会の〝教師が選択した良書〟を受賞するなど、五～八学年の学生たちの勧奨図書六十冊の中に選定された。アメリカの教科課程の必読書として、数多くの青少年たちから愛読された。この本は文学ドンネという出版社から韓国語で翻訳・出版された(11)。

ところが、韓国系アメリカ人たちから、この小説に抗議の運動が起こった。複雑に絡み合った両国の歴史関係・利害関係のため、この小説が問題を尖鋭化させた。小説の内容は「真実ではない」、「歪曲」、「嘘」という非難の声が挙がった。「韓国人を加害者に、日本人を被害者に描写した歴史の歪曲だ」と強く抗議し、アメリカの韓人児童たちが授業をボイコットするなど問題になった。

韓国系アメリカ人学生たちは、「どうして我々が日本人の苦労話を聞かなければいけないのか」というような抗議を行った。残酷な日本の植民地統治のかわりに、韓国人に迫害された日本人たちの話を聞かされることに対する抵抗感からである。ボストンやニューヨークに住む韓人の保護者たちが、教育当局に強く抗議した。韓国でも連日大きく報道された。すなわち、韓国人には日本が加害国、韓国が被害国であり、反対に、日本人には日本が被害国だという意識構造があることがよく分かるのである。

終戦当時の韓国人たちが解放を喜んだことは言うまでもないが、日本人に怨恨を強く表した人はそれほど多くはなかった。当時、帰還の責任を持ったアメリカのGHQ（連合軍司令部）は比較的安全に帰還できるよう措置し、日本人は無事に引き揚げることができた。米軍政の治安維持による帰還措置のおかげである。

韓国人は、南山に建てられた朝鮮神社を破壊することができなかった。朝鮮総督府の官吏たちは八月十六日に儀式を行い、八月末まで御神体を日本の宮内省に返還した。その間、日本人には比較的に時間的余裕があり、安全に財産を処理して発った。

韓国人たちは長年の怨恨を晴らそうとしたが、朝鮮総督府の武装解除がされていない状況ではそれはできないことだと思われた。日本人に対する怨恨がそれほど大きくなかったとも考えられる。なぜなら、解放直後、日本人が韓国人に殺傷された件数に比べ、韓国人が韓国人を殺傷した件数が圧倒的に多かったからである。これは、植民地時代の怨恨が直接日本人に向かうよりも、日本人の手先に対する復讐のためのテロなどが多かったことを意味する(12)。強い反日感情は、戦後、政治家たちにより、日帝が朝鮮を収奪する目的で戦争を起こし植民地支配をしたとすることで、徐々に表れてきたものではなかったかと推測される。

日本人の〝被害者〟意識は、戦後の日韓関係における重要な葛藤構造と言える。まず日本人は、加害者だということと戦争に負けたということを意識しなければならない。しかし、ほとんどの日本人は被害者意識だけを強調している。加害者意識が時に武勇談に終わるような場合も少なくない。日本人には「敗戦」はあっても、敗北意識をきちんと持ち「敗北宣言」をするような真の勇気が欠如している。

私は次のように言ったことがある。

日本にとって、八月には負の記念日が続く。六日は広島の原爆、九日は長崎の原爆、十五日は敗戦の記念日である。私が広島に住んでいた時は、ほぼ毎日のように聞いた言葉が「原爆」、「被爆」であった。

私も故渡辺正治氏とシンポジウムを開催して翰林大学の池明観氏に基調講演をしていた

だき、報告書を出したことがある。また広島大学の総合科目の共同講義では「韓国から見た原爆」という題で講義したこともある。日本では被爆・原水禁、天皇制などには平和主義、保守主義が強く、口を挟むべきではない「空気」というか、タブーがあり、発言しにくいトピックである。

大量虐殺の原爆を投下したアメリカや被爆した日本が今、北朝鮮の核問題に直面し、それぞれ思いは違うであろうが足並みを揃えている。日本は原爆を考える時、十九世紀末から台湾、樺太、朝鮮、満州などを植民地化し、太平洋戦争を起こして、被爆・敗戦したことを思い出さなければならない。つまり挑発＝敗戦を前提にしたことをもって完全に「敗北」を認識すべきであろう。しかしまだ多くの日本人は、敗戦したことを忘却はしても敗北の認識はしていない。敗戦して引き揚げる日本人が残した「よし、またこんどな」という言葉が怖い、と韓国の親たちは言っていた。つまり日本人は、敗戦しても敗北を認めていないと思われるのである。

国際シンポジウム「東アジアの被爆と平和」（広島大学，2002年12月）にて講演中の池明観氏

八月六日から敗戦の十五日までの九日間は、日本を生

まれ変わらせる時期でもあった。社会学の用語ではアノミー（無秩序）というか、大混乱、パニックに陥っている状況であった。このような状況で天皇は敗戦を宣言した。敗戦は悲惨なことではあるが、社会を根本的に変えることもある。なぜなら戦争から「敗北精神」という貴重なメッセージを受け取ることができるからである。

一方、台湾、韓半島は八月十五日に日本の植民地から解放された。韓国ではこの日を「光復節」という。戦前の独立運動の「光復軍」もいたので、それに因んだようである。そそれは植民地時代が暗黒期であったことと対照的である。北朝鮮では「解放記念日」としている。台湾では十月二十五日を日本の統治が終了した「台湾光復節」としている。中国は九月三日を「抗日戦争勝利記念日」としている。

私は八月十五日を、解放記念日であり、同時にもう一つの暗黒の始まりとして重く受け止めるべきであると思う。多くの被植民地のアジア・アフリカの国々は、解放されてからも民族紛争を起こして、今も続けている。それは植民地宗主国に侮辱され苦労したという言い分は成り立たないことであり、心を痛めている。

私は二十歳の頃、エーリッヒ・フロムの『自由からの逃走』で、自由を営む力のない社会には自由を与えても混乱し、独裁へ戻る、という内容を読んでショックを受けた。戦後指導者たちが南北の民族分断を固め、朝鮮戦争、独裁軍事政権への暗黒の道を辿ることへの批判として受け止めたからである。韓国は反独裁民主化によって独立したのであり、解放によって独立したとは思えない[13]。

「巨大な洗脳装置」

博物館や記念碑、記念物などは一定の目的をもって建てられる。その目的のため、時には歴史的事実を記念する単純な意味を超えて意図的に選定され展示される場合がある。特に、戦争や植民地などを記念する記念館などがそうである。したがって展示資料が事実であっても、選定などで事実の変造あるいは創造が生じうる。これが国民教育の次元を超え宣伝・洗脳の機能まで果たすので注意しなければならない。

しかし目的をもって展示したといっても、観る人の立場によって解釈が変わりうる。例えば北朝鮮で米帝を仇敵として銃剣で呪う場面を観ながら嘲笑う人が多いことなど、戦争博物館や植民地博物館などではそれと似た現象を見ることができる。独立記念館は日本の植民地で独立運動をしたことを主目的に、特に日本の残虐性に関する資料を収集して展示する。日本人が見た場合と韓国人、そして知識人と民衆の観覧態度は異なる。ある日本人学者はこれを「巨大な洗脳装置」と見た。

国家と民族の関係を考えないわけにはいかない。国家が民族文化の主体である民衆庶民に関心をはらうということがまず一つの重要な目的である。民族には、外来文化に対抗する伝統概念が入っている。西欧の先進文明国家から原始未開の文化として展示に利用されたのだが、植民地から解放され、それを返してもらい、自己の民族アイデンティティのために展示する。

博物館は文化遺産を収集・保管・展示する公的な機関である。植民地から解放されたアフリカ、アジアの多くの国々が自国の民族と国家的アイデンティティを強調するため、植民地時代の博物館を受け継いで、それを基に新たに作った現象は、かなり一般的である。独立記念館や戦争記念館など、主題を持った博物館も世界的に少なくない。韓国の独立記念館もそのような点から、世界的な脈絡において独立という主題を持った博物館であると理解される。

現代史のテーマを重視する展示においては、資料が本物かどうかという問題より、生活や主題を生かすため模造品を使って展示する場合が多い。そして本物をまねた偽造品が蔑視される風潮が消え、その代わり模造品の展示が価値を持つようになった。それによって、展示効果が大きくなり、時には誇張されることもある。

博物館の展示も、観光の国際化に伴って変化しなければならない。例えば、アメリカで原住民インディアンや少数民族に対する〝白人支配展〟という展示をするならば、少数民族の人権向上とセットになって展示内容も変わらなければならないのである。

　歴史というならば、韓国においても、朴正熙、全斗煥時代の人権蹂躙・拷問などを経て民主化社会になった過程も展示しなければならない。ただ国家の内外を壁にして残酷性の展示が異なるのだろうか。コスモポリタニズム、世界化・国際化はこのような問題をどう取り扱っているだろうか。例えば日本人にとって、豊臣秀吉や加藤清正は歴史に記録される人物であるから展示されるが、韓国人観光客には〝倭敵〟にすぎない。つまり、日本の英雄が韓国史では侵略の逆賊に位置する。このような葛藤と矛盾はどのようにすれば克服できるであろうか。

広島平和記念資料館

　広島で旅行業務をしている人の話では、広島には日本三景の一つ宮島があっても、「平和都市」と宣伝することで原爆のイメージが強く、学生たちの修学旅行地ではあっても、観光地としては適当ではないという分析がある。平和記念館は、参拝客や仕方なく坐らされている公務員が、灼熱の太陽に汗を流しながら黙禱して帰るところなのである。したがって心の底から好んで行ってみたいところではない。被爆を強調しながら平和都市のイメージ作りの政策には成功しているかも知れないが、良い観光戦略でないことを明らかにしている。世界的にはアウシュヴィッツ、ナンジン（南京）など、残酷なイメージで知られるところがある。

広島平和記念資料館は一九五五年に開館、被爆当時の資料三万余点を展示していて、原子爆弾投下による破壊の実状を生々しく見せてくれる。資料館は大きく東館と西館、および東館の地下一階で構成される。東館には「なぜ広島に原爆が投下されたか」という質問に関連する映像と、原爆前後の広島の様子が比較展示されていて、二階と三階にはこれまでの広島の平和活動を模型で紹介している。西館には、原爆死亡者の遺品と被爆資料などが展示されている。東館地下一階には、市民が直接描いた原爆に関連した絵が展示されていて、原爆と平和に関する資料と図書を閲覧できる情報資料室がある。

私は、中国で南京大虐殺記念館を観ながら、広島の平和公園、原爆記念館を思い出していた。占領下にあった頃から〝原爆ドーム〟と呼ばれていた。広島大学に十年余奉職する間、平和教育課程の一つである講義でほぼ毎年、原爆について講義した。戦跡地・戦争遺物など植民地遺産の展示もいろいろだと思った。戦争を起こした日本人自身がこの展示を観ながら、日本人が加害者であったことをまったく意識していない。

もとは貿易館の建物であった原爆ドームを、なぜ保存し、展示するのか。原爆の投下によって、建物は一瞬で大破し、天井から火を噴き出しながら全焼し、中にいた三十人余りの人は全員死亡したと伝えられている。壁の一部が崩れず、ドームの鉄枠と一緒に象徴的な姿をしている。それが世界文化遺産に指定されたのは何を意味しているだろうか。

ドームの保存についてはさまざまな意見があった。実は、原爆ドームが現在のように保存されるまで、存廃運動や保存運動において多くの論争があったのである。都市計画者たちは撤去しようと言った。これに対して歴史学者たちは、特に考古学的遺物、遺跡として保護しようと言った。原爆ドームは、チェコ人建築家ヤン・レッツェル（Jan Lezel 一八八〇〜一九二五）が一九一五年に設計した広島県の物産陳列館で、一九二一年に広島県の商品陳列所、一九三三年には広島県商業奨励館になり、戦争中の一九四四年には官公庁や統制組合の事務所であった。戦後、自然に「原爆ドーム」という名がついた。

原爆ドーム（広島市）

一九四七年から、保存するか、撤

広島平和記念公園（広島市）

去するかという論議が始まり、一九六〇年代に本格化された。初めは原爆ドームに関する保存問題ではなく、主に被爆地の公園化を中心に論議がなされた。原爆ドーム自体に関する保存問題はほとんど論議されず、主に被爆した建物と被爆地の公園化を中心に議論された。一九五一年、初めて公園化とともに原爆ドームが人類の歴史上最初の原子爆弾による「被爆の惨禍を伝える歴史の証人」として、また核兵器廃絶と平和を求めるシンボルとして保護されなければならない、という意見が出てきた。

　こうして、平和記念公園の中の唯一の被爆構造物として残されたのである。「原爆による惨禍の証人として保存する」という意見と「危険物であり、被爆の惨事を思い出させたくないので破壊すべきだ」という意見が対立したが、人類の歴史上最初の原子爆弾（atomic bomb）による被爆の惨禍を伝える歴史の証人として、また核兵器の廃絶と平和を求める誓いの象徴として、保存されなければならないという側に傾いた。

原・水爆禁止運動が活発になる中、一九六六年、広島市議会が保存の決定を決意した。間もなく世界文化遺産登録のための史跡指定を行った。そして一九六六年、〝世界遺産条約〟に基づいてユネスコの世界遺産に登録の申請をしようとした。ところが原爆ドームは、コア・ゾーンでなく、モニュメント・建造物・場所の三種類の中のモニュメントに該当するが、緩衝領域たるバッファー領域（Buffer・Zone）がほとんどなく、道路の端に接しているということが問題になった。つまり、保護されるべき文化遺産があり、そこに一定の保護区域がなければならない。繰り返して言えば、コア・ゾーンは国家指定の史跡、場合によっては名勝指定の建物などで重要な文化財である場合が普通である。そして原爆ドームの文化的価値が論議された。結局登録されて、募金運動などを通して今まで三回の保存工事が行われた。

負の遺産をどうするか？

保存するか、撤去するか――というのは価値観の問題である。文化財としての価値とはどんな意味であろうか。ほとんど歴史性に注目が集まっている。歴史的価値があると言っても、気持ちの良いとは言えぬ物も保存すべきだろうか。美的・芸術的価値は考慮しなくてもいいのだろうかなど、判断は簡単ではない。

一つの例をあげてみたい。よく知られているように、二〇一一年三月十一日、日本の東北地方の大地震と津波による被害は甚大であった。そこに奇跡的に一本の赤松が生き残った。大きい赤松の美しさのため保存することになったのか、それとも被害者たちに被害を悲しく思い出させないためなのか。おそらくその赤松を見る人の心境はかなり複雑だろう。美しさと悲しみを同時に感じることになるからである。

この赤松を保存するかしないかは、思いのほか根本的な問題である。その赤松が生き残ったといっても悲惨な象徴物であるからである。当然保存する側だと思われた政府内でも、必ずしも保存についての意見が一致しているわけではない。被害地域の赤松を記念したり名勝地にしようとするのは何のためだろうか。日本の文化庁はそこを名勝地に指定しようと言う。

結局世論は、その場所に剝製を立てて記念しようという側に傾いた。今、多くの人が訪ねて行って被害を深く記憶している。この赤松は、大地震で多くの人命や財産を失った現場を見届ける証人のように、その廃墟にそのまま立っている。あるいは生き残った人たちにとって、生きる意欲を象徴する激励の老松なのかも知れない。

本当の犠牲者の心情からすれば、仰ぎ見る勇気が湧かなかったようである。死の地獄で生き残った本人に、その場面を思い出させるのは残忍なことのようにも思う。

イタリアのポンペイでは、ローマ時代の華麗な文化生活が一瞬で火山灰に埋まった悲劇的な状況の跡を展示している。良くない遺産をどのように処理するのか？　個人もそれなりに痛みを持って、忘れたい過去を持っている。消そうとしても消すことができない――その過去によって現在の自分自身、人格が形成されてきたことを理解する必要がある。日本が植民地支配の歴史を否定しても、歴史自体は無くなることはないのである。

南京大虐殺記念館

私は、日本植民地の残虐性を示す中国のハルピン七三一部隊記念館（「侵華日軍第七三一部隊罪証陳列館」）、そして南京大虐殺記念館（「侵華日軍南京大屠殺遭難同胞紀念館」）を観てきた。

二〇一四年六月、福岡国際線空港の待合室は以前に比べてガランとしていた。日中関係の悪化のためである。東方航空では機内持ち込みが五キロ制限なのだが、私の荷物は八・六キロで、預けようとしたがコンピュータからは手荷物にするよう言われた。飛行機は三十分遅れて上海に到着、入国審査は指紋をとったり写真撮影などがなく、簡単な手続きだった。

広島大学時代の学生で、現在、嘉興学院の日本語学科の教員李月順氏が花束を持って出迎えに来てくれた。上海の気温は二十五度。リムジンのシャトルバスで上海虹橋駅に入った。

南京大虐殺記念館（「犠牲者300000」）

荷物検査とボディ・チェックを受け、駅の構内に入った。商店街の賑やかな駅内——おそらく列車を待つ時間が長いのでこのような文化空間が生まれたのだと思った。

午後六時五十三分発の高速電車に乗り、蘇州を経由して中山東路にある南京維景国際大酒店に到着したのは夜九時を少し過ぎていた。ホテルはまぶしいネオンサインなどで装飾され、中国の経済発展が充分に感じられた。滞在期間中、天気が好転した日はなかった。

古いプラタナスの街路樹が市内を取り囲んでいる。現地人は「フランス梧桐」と呼ぶ。仏語と中国語の混用で呼ぶようになったのだろう。周辺の高い山というのが標高四〇〇メートル位なので、ほとんど平野と言ってもいい。電子工場、化学工場などがたくさんあって、案内者は

「空気汚染がひどい」と言う。しかし、住民で汚染を心配する者は少ないようである。この国は汚染問題の解決より、豊かな経済国家作りを目指しているように見えた。上海を往来する高速電車の窓から汚染した空を眺めながら、四日間の旅もとても長く感じる気分だった。

　私が日本から持ってきた一九三〇年代の日中戦争の映像を、李月順氏と現地案内者の李美淑氏に観せながら観覧と調査のための準備をした。商店には韓国語の看板が見え、尋ねると、ここでは韓国に対しては印象が良く、韓国人観光客も多いが、日本に対しては印象が大変悪いという。日本の商店はほとんどなく、ヤマダ電機が支店を開いていたが、結局撤収せざるを得なかったという。ある商店では「日本人出入り禁止」という表示板を立てたことがあるという。

虐殺記念日決定の立て看板

　李氏は、弟が日本に永住しているので日中関係が悪いと心配だ、と言う。大学では、日本語を専攻する学生が日本に行ってみようと言うと、両親が反対することもあるという。案内者は記念館の外でも、つまりナンジン(南京)市内では日本語は使わない方がよい、と言う。

南京の光華門（1938年，小山正夫上等兵撮影）

タクシー運転手は、私を韓国人か日本人か気にしている様子だった。朝鮮族の案内者の話によれば、我々が韓国語を使っているので運転手は安心したように見え、ある運転手は「日本人なら乗せない」と言った。ここでは日本に対して大変反感を持っているので日本食の店も閉めざるを得なかったと言う。

二〇一四年六月八日、念願の南京大虐殺記念館と抗日運動記念館を訪れた。とても暑い日だった。記念館は南京の北側の河辺にあった。日本軍の残虐性を最も強く展示した代表的な施設と言える。

入り口に日本軍の行進の映像が映る。映像を観ながら階段を降りていくと、展示が目に入ってくる。日本軍による虐殺の、日本の資料による展示——日本の歴史をここで勉強することになる。

「三十万人虐殺」というタイトル。記念館の入り口を進むと、そこはすぐに暗い。館内はどこも暗い。それは展示の仕方であり、観る者は心も暗くなる。

展示資料はほとんど日本関係のものだった。映像を観ながら階段を降りていくと、展示が一目で見渡せる。映像、道具、新聞記事など、どこまでも日本が主役だが、日本軍は完全に悪役であった。私は映像や展示物を観ながらイヤホンで日本語の解説を聴き、キャプションを読みながら容認される範囲内で映像や写真を写し、記録しながら三時間半の間、まんべんなく観覧した。この展示は中国人がしていても、内容は日本人が残したものであった。つまり日本の資料による展示だと言うことができる。中国による資料は戦後の発掘現場の展示物が主であった。

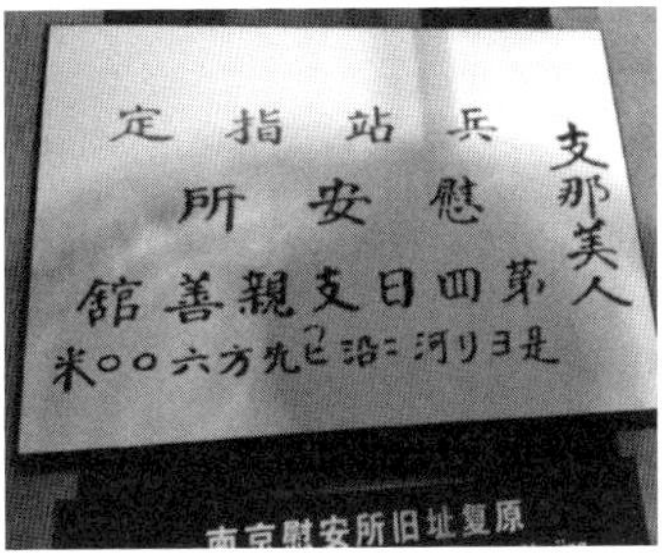

南京慰安所の復元された案内板

私が視線を止めたのは、写真とともに、復元して入ってみることができる日本軍の慰安所であった。女性のヌード写真や日本の兵士が列になって順番を待ちながら中を覗いている写真もある。入り口には「支邦（中国）美人」と書かれた当時の写真が掛けてあり、日本軍の兵士を手招きで呼び込もうとしたことが分かる。

復元された慰安所の室内にも入ってみた。中国人が遊郭に日本軍の兵士を客として呼んだことが分かった。入り口には椅子があり、案内人が坐っていた。

私は南京大虐殺記念館の展示を観て、日本軍は残酷で、日本は絶対に悪いと思った。この展示物を観た人が、どうして平和な心を持つことができるだろう。おそらく南京の市民たちが日本人を嫌っているのは、上記のことで理解できるだろう。市内には、記念館の外に出ても、平和を訴えているような看板や垂れ幕などが見られる。日本人を嫌い、恨む心と平和への訴えが大きく矛盾するように思った。南京大虐殺記念館を通して、平和を訴えることができるのだろうか。

前述したように、広島の原爆記念館も残酷さだけの展示で「平和都市」を訴えている。全く同じ展示法なのである。

悲惨な被害状況を観せながら平和を考えさせようとするのは、どこまでも一つの解釈や理論であり、純粋な感情からは平和を得るのは難しいだろう。戦争を使って平和を主張するのではなく、あくまでも平和そのものへ向けた積極的な努力をするべきである。差別を教えながら平等を教えようとすれば、むしろ差別を学ぶようになるのと同様である。戦争を使わずに、平和な心を教えられないのだろうか？　考えてみなければならないことである。見苦しいものを使って美しさを追求するのではなく、美しさ自体を求めるように平和を追求する必要がある。

ラーベの日記

南京大虐殺記念館における展示室の観覧順序の後半に、ドイツ人ラーベの坐った姿が銅像で展示されている。ジョン・ラーベ（John Heinrich Detlef Rabe）は一八八二年、ドイツのハンブルクで生まれた。一九〇八年、北京で勤務して以来中国に住み、一九三七年、南京で日本軍の侵入を受けるとすぐに安全区を設置して、難民を助ける仕事をし、翌年帰国。一九五〇年、六十五歳で亡くなった人物である。

彼は南京で経験したことなどを十六冊の日記に残した。南京事件を理解するのに最も貴重な資料である。以下、要約し抜粋してみる。

一九三七年九月七日、南京に到着。日本軍が毒ガスを使ったのではないかという噂を聞いた。空襲があって十二月十二日、日本軍が南京に入城した。日本軍は比較的順調に前進したが、南京戦では苦戦を免れなかった。蔣介石が率いた中国軍はライフル銃、ピストル、手榴弾などで完全武装して対抗した。

ラーベは蔣介石の許可も得ず降伏調印をしようとした。そして国際赤十字協会を作り上げ、

平和ための折り鶴（南京大虐殺記念館）

非戦闘の民間人難民を助ける仕事をした。ラーベはヒットラーのナチス党員で、当時日本とナチスは友好関係にあったので、彼はナチスの旗と証明書そして外国人であるという有利さを生かし、中国の民間人を保護することに最善を尽くした。

まず安全区を設定して、日本軍から保護してもらうことを要請した。日本軍からは、その位置が作戦地域であったので、完全に保護することは難しいが最大の考慮をする、という答えを出させた。ところが問題は、非戦闘の民間人だけを保護する安全区の中に中国軍の兵士たちが潜んでくることであった。彼は中国の兵士たちを退出させようとしたが、話は聞き入れられず、むしろ中国軍たちは民間服に着替え潜伏して問題を難しくした。

日本軍の前進速度が速い関係で、後続の補給部隊が追い付かず、食糧などを現地調達式にしてしまった。それで、日本軍は民間の商家、個人の家に侵入して、食べ物と道具などを奪取することが頻繁に起こった。さらに軍を監視する憲兵がいなかったので、軍人自体が自由放任になり、窃盗・強盗・殺人・強姦などの残虐な行動を見境なく行った。ほとんど満州に侵入したソ連軍の蛮行と似ている。中国の兵士や民間人たちによる略奪などもあり、完全無秩序状態が続いた。中国軍は降伏せず抗戦して、日本軍の悪行はいっそうひどくなった。

広場で日本軍が中国人を縛り上げ、立たせた。順次引きたてられ銃殺された。ひざまずいて後頭部を撃った。このような処刑が百例ほどになった時、ちょうど日本人の将校が現れて兵士に命令し姿を消した。（十二月十五日）

あるアメリカ人が「安全区は日本兵用の売春宿になった」と言った。当たらずとも遠からずである。昨晩は千人以上も暴行されたという。金陵女子文理学院の百名位の少女が被害にあった。耳にすることはすべて強姦、強姦。父親や兄弟が助けようとすればその場で射殺。見るもの聞くもの皆日本兵の残忍で非道な行為だけ。（十二月十七日）

現金、時計、服という服、なにもかも手あたり次第うばっていった。少し若い女性たちは毎晩トラックにのせられ翌朝帰された。いままで（五日間）三十人以上の女性が暴行された。（十二月十九日）

ラジオ放送で南京は秩序が安定したと言った。（十二月二十日）

以後も完全に秩序が回復するのには時間を要するが、だいたい十日間の混沌極限期間だった。日本軍は強姦などを防ぐため遊郭を設置しようとした。

ところが驚いたのは、中国人女性の中で売春業などたいしたことないと希望した者がいたことだ。

（十二月二十七日）

南京の被害は大変大きかった。中国側は犠牲者三十万を主張する。数が多いか少ないかが問題ではなく、残虐さは天下に知れ渡ったことなので、度を過ぎた誇張は適当ではない。数値については研究者の意見が異なる。ラーベ自身も当時、「中国側は十万人の民間人が殺害されたと言うが、誇張されてはいないか。我々外国人たちが推定する正しい人数は五万ないし六万人と見る」と言った。

当時の南京市の人口二十万というのをラーベはもちろん、警察署長が言ったことから見て、三十万という数字は誇張に間違いない。しかし記念館には「３０００００」と正門に刻まれ、すべての印刷物に表記されている。これに対して上海の日本領事館が異議をとなえたが、何の返信もなかったという。中国がこれを世界文化遺産に申請登録することに日本が抵抗している。

V　植民地残滓の肯定

1　台湾・桃園神社

唯一残る日本の神社

二〇〇九年十二月二十九日、台湾の植民地残滓文化遺産を観て歩いた。台湾総督府の内部を観光客として観ることができた。現在の台湾政治の中心で、総統が執務する所である。「植民地の歴史を忘れない」という表示板が取り付けてあるだけである。

我々の研究会の最終コースは、桃園神社を訪ねることだった。桃園神社は、日本統治時代の一九三八年に落成し、戦後、桃園市忠烈祠と改称された。一九七二年、日本が台湾との国交を断絶した時、各地で日本統治時代の建造物が破壊されたが、この桃園神社は地元住民の反対などもあり、保存されて残っている。台湾で当時の神社の建物が残っているのは、これが唯一のものである。現在は台湾の忠魂塔がある。

一九九五年、韓国において旧朝鮮総督府を壊す方に世論が傾いた時、私は名古屋の韓国人研究者の集まりでそれに反対する意見を発表したが、皆冷たい表情をしたのを見て、将来は

旧台湾総督府（現中華民国総統府）

きっと事情が変わるぞ思った。今、韓国でも意見が変わり、日本統治期の残滓物も保存するようにと政策が変わっているという。

車が走る通りには檳榔《びんろう》の店が目に入る。昔、それと知らず食べてみたことがあるのを思い出した。麻薬性のある木の実であるが、噛んで唾《つば》を吐き出すのが普通である。その唾が赤色であり、それを見た外国人が結核患者と誤解したともいわれる。この檳榔を私はタイ、ミャンマー、インドネシア、台湾などで味わってみたり撮影したりした。皆さんに味わわせたかったが時間がないということで、案内者は私の希望には応じてくれなかった。しかし堀江俊一氏が、桃園神社境内の高い木が檳榔だと教えてくれた（左ページ写真参照）。

桃園市忠烈祠では、入口の鳥居から神社まで大日本帝国主義時代の様子がそのまま復元されてい

旧桃園神社（現桃園市忠烈祠）

る。ここを韓国人が見て感ずることは何であろうか。日清戦争で勝利した日本は、一八九五年四月一日、講和条約を締結し、五月八日、清国は台湾を日本に譲渡した。日本植民地に反対した勢力が生まれたが、日本の軍隊が入って武力で制圧、名実が伴った植民地になったのである。日清戦争の時よりも多い犠牲者を出した。一九四三年、人口統計によれば台湾系人口が六一三万人で、内地系人口（日本人）が四十万人だった。

日帝は台湾を近代法治国家にし、民衆生活の隅々まで統制、画一化を期した。国民教育の普及、司法、治安維持、戸籍・行政統計、土地所有などの調査、衛生状態の改善、交通・通信の整備などを実行し、交通、電気、水道、水利などの整備と教育の普及によって今のような経済発展をなし遂げたのである。否定的なものばかりではないので

植民地時代の建物が遺る台北市内

ある。

解放直後、国民党政権の独裁政治によって台湾は世情不安定となり、経済的に困難な中、賄賂などで腐敗した。台湾社会はきわめて大きい混乱を経験しながら、「日帝時代が良かった」と言う人が多くなった。蒋介石総統は、日本に対して「以徳報怨」すなわち「恨みを徳で返す」という政策を用いることで、日本植民地の歴史に対して非常に柔軟な態度を見せた。台湾原住民たちは日本人の精神的態度を高く評価し、現在の不満に対しての反作用として「日本人の長所を思い出す」と言った。日帝を経験した世代が当時を思い出し、その頃がむしろ良かったということで親日的になるという。植民地時代のことを自由に話せる雰囲気が存在することを示している。

台湾国立博物館には、植民地統治者である後藤新平（一八五七～一九二九）の銅像などを展示している。彼は内務省衛生局に勤務していたがドイツに留学し、一八九八年から一九〇六年まで台湾総督府の民政局長を、一九〇六年からは南満洲鉄道会社（満鉄）初代総裁兼関東都督府の顧問を務めた。植民地統治者の彼を国立博物館に展示することは、韓国人には理解しがたい。

植民地の善悪二元論を超えて

一九七一年に台湾が国連から脱退し、米国と日本が台湾と国交を断絶した時、日本にいた台湾僑胞たち一万名は一斉に日本に帰化した。一九六七年、植民地時代の世代の中、日本語で詩を書く伝統を持った短歌詩人たちが台湾歌壇を組織して日本の新聞などに発表した。「朝日新聞」が彼らの詩を紹介することで大いに脚光を浴びるようになり、現在も引き続いて発展している。すなわち、一部の台湾人たちは日本語を愛用し詩歌を書くのである。彼らはこつこつと活動し、一万余首の詩歌を集め、日本語『台湾万葉集』を日本で出版した。

児玉総督及後藤民政長官記念博物館
（台北市，現国立台湾博物館）

一般的には、「台湾は親日、韓国は反日」という対照的な意識構造があるといわれるが、台湾の研究者たちによれば必ずしもそう簡単ではなさそうである。植民地を善悪二元論で見るのではなく、客観的に検討する時点に来たと言うことができる。

最近、日本統治時代の公務員宿舎や台北帝国大学教授の住宅を改築して喫茶店にするなど、日本式建築の補修や改修が相次いでいる。

日本統治時代の建築物では、台湾総統府監察院、国立台湾博物館など国家的威容を象徴する西洋建築の多数が有名だ。これらの西洋建築は、日本統治時代においての近代化の象徴であると同時に、台湾近代化の象徴とも言える点から、維持・保存されたことにそれほど疑問はない。

植民地期の建築物保存、活用を巡る論議を通して、文化資産の価値がいっそう明白になった。それは、明治維新後の近代化の過程やフランス革命後の混乱により一時否定されていた過去の遺産が、記憶を維持する資産として復権させられることと似ている。日本統治時代に建設され、指定または登録を受けた建築物は、台湾全体において無視できない存在である。おそらく、このように日本植民地の建築物が国家の資産として保存・利用されているのは珍しい[14]。

一九二〇年に建設された旧三井物産株式会社の建物の文化財としての指定をめぐって、所有者である土地銀行が台北市に対して指定を取り消してほしいと願い出た。これに対して台北市は、多文化時代の趨勢に配慮する必要があり、多数の英国領事館などもみな植民時代の産物、国家の重要な文化資産で、公益に符合しており、学者および専門家による実地調査、審査会を経て指定処分がなされたのだと言った。この建物は法院の判決に従い再指定となった[15]。反日と親日という二項対立的に見るのでなく、台湾の歴史と独自性を構成する重要な要素として日本を見ることで当時の日本の建造物がその証拠だというのである[16]。

2　パラオ

南国へのロマンチシズムと夢

日本の植民地の「楽園」のように呼ばれたパラオ――今の状況はどのようだろうか。パラオ共和国の人々は、日本の植民地だったことをどのように記憶しているのであろうか。

二〇一三年十二月十四日、朝八時半に家を出て、福岡空港からグアムを経てパラオのパレイシアホテルに到着したのは夜の九時半過ぎ。十三時間かかった。飛行機は二百席のアメリカ・ユナイテッド航空の中型機で、ある日本の会社の社員慰安旅行の青年たちと一緒だった。中年黒人三名の女性と中年の日本人客室乗務員がサービスをした。機内でも空港内でも、上着を着ているのは私一人だけだった。

地球は多様である。雲の上から下方に海を見下ろしながら思う。太平洋は文字通り太平なる海である。本当に「広い」。地球儀を回して見るような空想の時間だった。

灯火が点々と見える暗い常夏の国パラオに到着して、遠くまで来たものだと実感した。楽

旧パラオ庁舎（現裁判所）

園の初めの印象は、暑い！　上着を脱がなければ耐えられないところに近づいた。今現在の日本の寒さとはまさに正反対である。一九三〇年代のイメージや写真から原住民たちが裸である姿を思い出した。スペイン、ドイツ、日本、アメリカの順に支配されてきたところに来たのだ。今、日本に対してどんな感情を持っているだろうか？

ミクロネシアの島国パラオまで、グアムを経由して来た。グアムでパラオ行きに乗り換えなければならず、米国の厳格な出入国審査を受けた。荷物チェックがあまりにも厳格で、あきれた。靴を脱いで、ベルトをはずし、X線撮影。ドアが開き検査ボックスの中に入られ、サンプルの絵を見ながら両腕を丸く高く挙げる。まるで捕虜のようだった。

この装置は、北朝鮮・錦繡山《クムスサン》太陽宮殿の金日成の遺体安置所に入っていく時と似ていた。今までの世界旅行の中で一番厳格で、笑ってしまった。観光を重要な産業とする国なので安全上の必要があるかも知れないけれど、この厳格さは大変不快だった。神聖な楽園に入るために不浄をそそぐ宗教的な儀礼のようでもあった。観光にはまったく助けにならないもののように感じた。

出入国審査台の前に立った。ところが五つの審査台中、私が並んだ所は、前の人に何か問題があったのか審査員が入れ替わって遅れ、結局最後になった。自分が最後であるというのを私は最近まで経験したことがなかったので、これも実に不快だった。いつも優先・優待されてきたことに気がつかず、深い感謝を忘れて生きていたことを大いに反省した。死ぬ時は〝最後の人〟になることを望んでいるのに。

日本はこの島を三十一年間、植民地にした。多くの小さな島々では時差がなく、日本語が大体通じる。戦跡を含んだ多くの植民地遺産（日本文化）が残っている。多くの日本人がほとんど不便を感じることなく生きていて、日本の免許証で、一カ月以内ならそのまま車の運転をすることができるという。

当時、なぜ日本は三五〇〇キロメートル以上離れた南方の島まで足を延ばしたのか？　アメリカでの日本史研究の大家であるマーク・ピーティのミクロネシア戦争史に関する『南洋』という本を機内で読んだ。彼は日本がなぜ、このような遠い南洋まで植民地を作りに行ったのか、と疑問を投げかけている。これはおそらく日本における南国へのロマンチシズムと夢である、と記述された箇所に目が止まった。ロマンと楽園の夢を持ったのではなかったか、と書かれている。そして著者は、日本との戦争を「太平洋戦争」と記述している。太平洋は文字通り、「太平」な海を指す。その平和な海での「太平な心」、「戦争」、文字通り「戦争と平和」の時代だった。トルストイの名作が真理を抱えているように思われた。

日本海軍のパラオ侵入（『海の生命線』より）

私は、パラオなど南洋群島の専門家と研究会などで数多く討論してきた。毎回私は、矢内原忠雄の『南洋群島の研究』（岩波書店、全集3）の内容を紹介した。矢内原は、日本の統治が、前任の植民国であるドイツの統治と比較して、どれだけ効果的だったかを主張した。一九三三年当時の日本人居住者は約三万人だったが、終戦直前には二倍以上になった。

そして、悲惨な戦争と犠牲の混乱時代が来た。太平洋を支配し、守り、世界を支配しようとした気勢と夢が露のように消えてしまったのである。最近の研究である飯高伸五の論文なども読んだ。一九三〇年代、日本の海軍省が制作した『海の生命線』のＤＶＤなども持って行って、現地で対比して私の目で確認した。

パラオ国民が長生きできない理由

パラオは日本が夢をかけた旧植民地、多くの日本人が訪問する〝楽園エデン〟だとも言う。人口二万、年中二十八度から三十度の常温、湿度八〇％から九〇％、酒に酔って外で寝ても死ぬことはないという。今、パラオを訪れる日本人の多くは、真冬の寒さを避けてダイビング、水泳を楽しみに来る人たちである。

現地で会った日本人は、北海道、名古屋、東京、沖縄、広島などから来た人たちで、彼らと話をした。彼らが言うには、ここは住所番地もなく、信号機もなく、バナナ、パパイヤ、そしていろいろな花が一年中ある楽園だ。やはり潜水や海水浴を楽しみに来た人たちである。もう一つの観光は、主に終戦記念日などに戦跡を観に来る人を対象にしたものらしい。

観光客は年間六万人だという。グアムの観光客十万人に比較して、今後さらに努力しなければならないと言う。ほかの産業はほとんどないとのこと。日本の冬のクリスマス時期と年末には潜水をしに来る人が多いようだ。ある日本人は、私に潜水中に撮った写真を見せてく

日本の戦車の残骸

れた。私は、戦跡見物に来る日本の観光客に近い人間である。

　やはり南国は、楽園という理想郷として存在するのであろうか。案内人は、日差しが強いので気をつけるようにと言った。私は強い日差しを避けるため傘をさして植民地文化を調査した。この島は、本当に楽園なのだろうか？　私は、パラオは熱帯雨林地域であり果物が豊富なのだと想像していたが、意外に少なかった。スーパーでも果物や野菜が貧弱なのに驚いた。パラオ国民が日本人に比して長生きできない理由（二〇〇五年、六九・一歳）に、野菜の不足ということもあるという。

　広い海の魚を自然の恵みとして食べて生きているのに、「健康」ではないパラオの人々——。ここでは、努力したり仕事などをしないで外部に依存する傾向が強い。魚が食文化の中心なのは、野菜栽培が適さないためなのか？　栽培より野生または半野生の果実、主にマンゴーを半熟のまま食べる。日曜日には多くの店や食堂が門を閉め、たまたま開いていたタイ食堂で昼食をとり、二晩も降ったスコールで湿度が上がって蒸し暑い道を歩き回ってホテルに戻った。

〝後期植民地〟現象

パラオ共和国に二十四年も住んでいる秋田県出身の久米信行氏が、自動車で戦跡地の案内を引き受けてくれた。久米氏は大学を卒業し、旅行会社に就職したことがきっかけでパラオでの人生を歩むことになった。ここで同じ社員の女性と結婚し、子供が二人生まれた。長い間勤務していた会社を退職し、以後旅行社を立ち上げて経営している。

久米氏は、ここは母系社会で女性が強いこと、伝統的な推薦と選挙による混合政治や混血児、日本人会、二重葬、年金、医療などについて説明してくれた。高等教育や医療はハワイやフィリピンに頼るほかはない。アメリカから独立しても基地使用で年間四〇億ドルの援助を受け、原住民は六〇％程度公務員で、援助の大部分は人件費だという。それほど努力せずのんびり生活するという。スペイン、ドイツ、日本、アメリカに占領されたという意識はまったくなく、反日感情などもほとんど持ってはいない。

南洋神社跡

ただ、植民地化によって開発されたと考えている。特に、日本統治下の教育や統治は、戦後のアメリカ時代より良かったと言う人が多い。日本との関係が完全に切れることはない。混血児の問題などもあり、意外に多い〝後期植民地〟の現象があるという。反日感情が強い韓国とは完全に異なる、植民地の歴史認識である。終戦後七十年過ぎた今、日本との関係は、友好の関係をはるかに超えて親密になっている。

久米氏は、一九一四年に日本海軍が上陸した所に我々夫婦を案内してくれた。老人たちが日本人はいい印象だと話していたのを聞いたと言う。現在の行政の中心地は、日本の統治時代に朝日グラウンドと野球場があった所である。南洋神社の跡地には灯籠と石柱が道端に残っていて、階段などはジャングルになって入ることができない。神社

日本・パラオ友好「日本橋」の記念碑（2002年）

の本殿は今個人の住宅で、出入りは禁止されている。

近年、日本の支援で舗装され日本の国旗「日の丸」が刻まれた「日本橋」を渡り、アラカベサンのリゾートホテルの裏山に行くと、太平洋戦争当時に使用した大砲や戦車など、日本軍が残したものがそのまま防空壕に保存されている。まっすぐに渡る橋の下の水の中には、爆撃されて陥没した跡があった。

市内の南洋庁（現裁判所）、パラオ公園がある旧日本人の葡萄園、戦車、薬箱などを観て、水上飛行場、また水産冷蔵庫などを観て回り、パラオ・ロイヤルリゾートホテルでインタビューをした。

飛行場の近所には石垣をめぐらした飛行機格納場があり、最近はスポーツ施設に利用されている。飛行場の滑走路の周囲が海に面して、斜面になっているのが当時のまま残っている。軍用の船舶がそのまま上陸できるよう造ってあるのが分かる。

ここでは植民地の歴史が残っていて、日本語と英語はほとんど同程度に使われている。また、日本から気楽に訪れる人も多く、まるで日本の植民地が今もそのまま続いているような感じもある。当時の住民たちは、日本の工場や会社で働いて収入を得ただけでなく、一緒に食事をする現地人を尊重してくれて差別しなかった、と回顧する人が多い。植民地政策として植えたアカシアの話もある。韓国では山を荒廃させるために植えられたといわれて、「悪カシア」と言われたが、ここではこのアカシアで土地の改良がなされたとのことで、肯定的に説明されていた。禿げ山、荒廃地、鉱山周辺の煙害地などの復旧に大きく貢献したとされ、それが植民地に広く分布拡大した一因となっている。

米国はツタという繁殖力の強い蔓植物の栽培を奨励したが、失敗してここの土地を損ない、米国統治に対し印象がとても悪くなり、不信感が強くなった。七十、八十歳の老人たちに日本の植民地時代が良かったと言う人が多い。韓国では否定的、ここでは肯定的に解釈されているのである。一般的に日本に対しては恩恵を感じているようだ。

矢内原が指摘しているように、ここは宣教師によりキリスト教化されている。特にクリスチャンの宣教者は植民地に関与した。スペイン、ドイツの宣教者たちによってキリスト教はかなり普及している。ここでは鶏の鳴き声で朝が始まる。鶏は経済的な動物であるとともに、神秘的な幸せをもたらしてくれる動物であるという。

ＢＡＩという伝統的な集会所の周辺では、クリスマスを迎える準備のためサンタクロースの装飾をしていたが、私にはこの暑さとはなじまないようで妙に感じられた。ＢＡＩは朝鮮半島の南で見られる茅葺きの四阿《あずまや》のようなもので、一九六〇年代にソウル大学名誉教授の故李光奎氏が、全羅道地方の田んぼの真ん中にある「茅亭モジョン」という四阿をもって韓国文化の南方起源説を唱えたことを思い出した。

パラオの歴史はすべてが植民地史

博物館の喫茶店では「クリスマス・キャロル」をピアノで演奏していた。日曜日の街は閑散としていたが、教会には多くの信者たちが集まる。Sambuhay カトリック教会のフィリピン人のための九時礼拝に参加した。司会はフィリピン語で、説教は英語だった。「愛の物語」十分位の説教と二回程跪いてお祈りをし、聖歌隊の讃美歌を聴きながら聖餐式が行われた。正確に一時間、終わって神父と一緒に記念写真を撮った。

短い滞在中に二回もパラオ国立博物館を訪ねた。原住民のための公共学校で教育を受けた人が、懐かしい当時の思い出と、戦争の被害の証言を紹介している。到着してすぐの市内観光では概略的に観て回っただけだったが、もう一度詳しく観てみた。日本人の女性事務員井

教会での礼拝

上氏が案内してくれたが、写真撮影は禁止されているため、メモをとるしかなかった。スペイン、ドイツ、日本の統治時代を詳しく展示している。それに比べ米国支配時代の展示は一階にあり、粗末である。

パラオの歴史は全部が植民地史であり、それを自国史と言うほかなかったのかも知れない。外国による占領と収奪さえも、「開発近代化」と表現しているようである。

三十余年間の日本の植民地統治を受けたパラオの国立博物館では、パラオ国立博物館と駐パラオ日本国大使館の共同主催で、植民地教育を受けた人たちが懐かしい当時の思い出と戦争の被害の証言を紹介している。また日本国大使館と共同主催で国立博物館設立五十周年記念の「日本統治時代のパラオの歴史と文化」という展示をしている。

エピソンミュージアムの展示

日本の統治時代、住民たちに内地（日本）の観光をさせたと紹介されていた。植民地における内地観光は韓国でも行われており、日本帝国の植民地政策で行われたものだと知った。

海軍墓地には一九四三年生まれの韓国人の墓もある。おそらくここで生まれて生きた人だろう。ここでは自分の家の庭の隅に埋葬するのが普通である。親族たちが集まって葬儀をする関係で大概土曜日や日曜日に行う。死んでも家族とともに暮らすという霊魂観がある。二重葬儀を行うのに、一旦ホルマリンなどの薬品で腐敗を防止するようにして一次埋葬し、二

戦没者慰霊碑と墓

日本人の墓

～三年後にもう一度発掘して正式に埋葬する葬儀を執り行う。これは沖縄などミクロネシアの二重葬儀（洗骨）と同じであり、スペインの統治以前からの住民たちの習慣だという。

海上に浮かんでいる島の形が軍艦のようなので、日本人たちは長崎の「軍艦島」と同じ名前で呼んでいるという。米国の飛行機が、日本軍の軍艦と誤認して爆撃したともいわれている。

深夜にパラオ空港まで見送ってくれた日本人女性は、現地民と区別が難しいほど陽に焼けていて、彼女は「住みよい国で暮らすのは楽しい。ここの人たち、大統領まで親日的です」と言う。日本からの援助を受けて初めての花火大会があったこと、東日本の災害とパラオの台風災難に対し互いに援助したという話を聞かせてくれた。

午前零時を過ぎ、空港でさらに二時間待った。出国手続きは簡単だったが、真夏の服装をしたある青年が丸い壇の上に立って両手を挙げ万歳の格好で探索されるような検査、また搭乗前も二度目の検査を受けた。飛行機の安全のために許容される暴力のような検査が、あまりに度を過ぎていて拒否感を感じた。

　グアム島で乗り換えて、三時間の太平洋の上空を太平に飛行した。行く時の座席が一番後部、入国審査も最後となり不快だったが、帰りは一番前の席で、すぐに入国手続きをして出た。

3　南アフリカ

反日と親日の東アジアから遠く離れて

今現在は、近い過去、絶対悪とされている植民地史の現場を観て回るために南アフリカへ行った。大袈裟なようではあるが、遠くて近い話、植民地と近代化、抑圧と自由、不幸と幸福の調和や葛藤はどうなっているのか——。観光ではない、実測するような細かな調査でもない。ただその街を歩きながら考え悩むような旅であった。放浪者のような私であった。常に日本植民史による反日と親日の東アジアの中に居て、そこから遠く離れて、その問題から解放されて考えたくなった末の旅であった。

二〇〇九年八月末、現地時間で朝七時頃、黄土平野のヨハネスブルグに着き、三時間待って乗り換え、二時間飛行した後、ケープタウンに着いた。春というより初夏のようであった。シャトルバスの利用者は私一人、車窓の左側は岩山の絶景、その下に見えたオレンジ色の屋根の建物群がケープタウン大学、右側は美しい海であった。気温と景色の良い場所に多く

ケープタウンの白人住宅街

の西洋人たちが早くから移住して来て植民地化したところであるとの印象を受けた。

　ケープタウンに来て三日間は、晴れて天気の良い国と思ったが、以後、風が強く雨が降って、市の背景になっているテーブルマウンテンのケーブルカーが運行中止になっている。しかし概ね年中良い気候だという。

　海に向かっている高級住宅街には植民地伝統のイギリス人が住んでいる。その海辺を走りながら時々休憩をして、彼らの幸せを感じてみた。ここに訪ねてくる人は楽しみを味わうために来る、とガイドは言っていた。日本人たちが植民地に多く出ても一人残らず帰国させられたこととは様子が異なる。

　このケープタウンで二週間、イギリス植民地遺産に関する調査を行った。この調査旅行を計

ケープタウン市庁舎

画している内に私は体調を崩してしまい、周りの人から、旅行を中止した方がよいのではないかという心配の言葉を多くいただいた。しかし私は、「最後の旅」になっても行くと心に決めていた。金やダイヤモンドの世界的産地として早くからヨーロッパに植民地化され、アパルトヘイトと呼ばれる人種差別の国、長期囚人であったマンデラ氏が大統領になった国である。イギリスはボーア戦争を行い、一九一〇年から有色人種を支配、約一世紀にわたり悪名高いアパルトヘイト問題を抱えながら近代化を成し遂げて、先進国とさせたのである。

南アフリカ共和国は現在、アフリカ最大の経済大国であり、アフリカ唯一のG20参加国で、ここでワールドカップも開催された。

南アフリカでは、植民地に強制された英語を公用語として使用し、プライドを持っている人が多い。植民地という悲惨な歴史は希釈されてしまっており、歴史は歴史、現実は現実である、ということをここで目の当たりにした。

ここでは「国語」とは何か、が問われている。国民が英語をただの外国語としているレベルを超えて、英語だけとするのか、バイリンガルを進めるのかで、「国語」が危機にさらされている。ケープタウンには韓国の小・中・高校生たちが六百人も来ており、早くから現地で英語教育を受けさせるために英語圏へ子供を連れて出る現象が起きている。即ち、安上がりに英語を学習するための選択であり、その保護者を含めてかなりの数になる。

植民地は繰り返すことのない前世紀に一般的であり、植民地史をより正しく見るためには視野を広げなければならないと思った。ただし、ここで私が植民地の成功例を提示するわけではない。到着してすぐケープタウン市内を歩いて回った。歩き疲れて、歩道に置いてある椅子に坐ろうとしたら、一つには「白人専用」(White only)、もう一つには「白人以外の人用」(Non White only)と書いてある。人類の歴史には恥ずかしいものが多い。――私はどっちに坐るべきか。以前、日本人は白人扱いとされたという。そのそばの建物が人種差別の裁判を行った場所だとの説明がある。これが人種差別の象徴的なものであろう。

そのまま奴隷博物館に入場した。映像で動画を流しているものが多い。奴隷を残酷に扱っているのがテーマであろう。中には東南アジアから奴隷として売られてきた人のことも説明されている。初知識である。イギリス人の人種差別とイギリスによる近代化の成功がともに展示されている。

　歩いていても白人はほぼ見当たらない。彼らは海岸向けの景色の良い住宅街に住んでいる。日常的には全く有色人の世界である。彼らには祖先が奴隷として売られたという歴史がある。彼らはその元の植民者、支配者と同じ国民として同居することができるのか。被支配者であって、差別を受けてきた有色人種が、彼らを許しているのか、あるいは法律や規制による安定状況であるのか、知りたくなった。彼らは元支配者の財産を「敵産」として収奪しなかったのか。アフリカは〝暗黒の大陸〟というイメージがあるにも拘らず、有色人種は先進国民の意識を持っているのではないか――。私が先入観を持っていることがばれた気がした。しかし、負の遺産を探して小さな問題を膨大にするつもりはない。

人種差別椅子（ケープタウン市内）

　ケープタウンから一一キロ、マンデラ元大統領が二十七年間収監された刑務所であったロベン島へ行った。フェリーで四十分。悪名高い刑務所は、世界の人に考えさせるための刑務所であった。見張り塔の中にレクリエーションホール、キリスト教教会、映画館、図書館、運動場、テニスコート、病院、研究セクション、クリニック（医師は週二回、ケープタウンから来院）などが設置されていて、監房を除けば福祉施設と思われそうである。しかしガイドから人種、差別、植民地の話を聞きながら歩き、刑務所とはなんだろうと考えた。

偉い政治家がそこから多く輩出している。韓国では、元大統領の金大中氏をはじめ数人の政治家が刑務所出身である。マンデラ出身の刑務所はどうであろうか。日本の刑務所のように中央から監視しやすくするために扇子型となっているのとは異なって、一つ一つ管理する倉庫のように感じた。しかしそこには読書室が用意されていた。

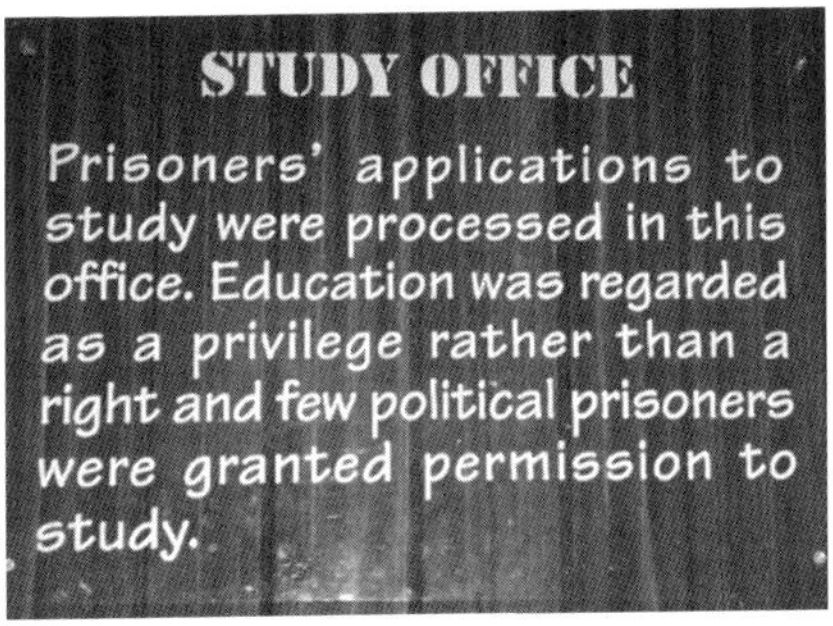

ロベン島刑務所跡の読書室案内板

一九九四年、マンデラを釈放したのは白人のクラーク大統領であった。釈放されたマンデラ氏が初めて黒人の大統領となり、実質的に解放独立国になった。しかし治安や人種問題などを多く抱えている。

ケープタウンの難民キャンプ

現在、このケープタウン最大規模の難民村、ケープタウンから郊外に二〇キロメートル離れたカリチョ（Khayelitsha）という黒人難民キャンプに調査に入った。四万人程の黒人たちが隔離されて生活をしている。大変危険な所だとされる。夜九時にはこの村の入り口は閉められて、出入りが禁止される。犯罪を恐れている政府の政策だという。仮の小屋のような家が密集している。三軒の家に入ってみた。

それにしても、この貧富の差は何を意味するのだろうか。

「アフリカのナポレオン」と呼ばれた男

私の最大の関心事は、植民地時代からの負の遺産を住民たちはどう考えているかということだった。ネガティブとポジティブの両面を考えなければならない。奴隷制に関する充実した博物館に観覧者は少ない。最終的に、関心を植民地支配者であったセシル・ジョン・ローズ(17)（Cecil John Rhodes）に絞ることにした。

彼は一八五三年イギリス生まれで、ケープ植民地政府第六代首相を経て、一九〇二年、四十八歳でケープタウンにて死去した人物である。彼の記念碑が、生前彼が好きであったテーブルマウンテンの北側山腹に立っている。記念碑にはラドヤード・キップリングの詩、「彼はこの土地で生きて、この土地で死んだ／ここにその霊がいる」が刻まれている。

ローズの生まれつきの病弱を心配した父は、気候の良い南アフリカに行っているローズの兄のもとに彼を送った。健康を取り戻したローズは、兄とともにキンバリーで坑夫としてダイアモンドを掘り、一八八〇年、デ・ビアス鉱業会社を設立し、全世界のダイアモンド産額の九割を独占するに至った。この経済力をバックに政界へも進出し、一八九〇年に首相にまで上り詰めた。イギリスが一八〇六年に占領して以来、南アフリカを統治し、ローズはその中で生きた植民地主義者であった。

ローズは首相として数々の政策を行ったが、それらはすべて、大英帝国の下に南アフリカに広大な統一された植民地・南アフリカ連邦を建設することを意図して行われた。彼はまた、ケープ―カイロ間を電信と鉄道で結ぶ計画を推進した。

ローズはまさに南アフリカの政治・経済の実権を一手に握り、その威風は帝王を思わせ、「アフリカのナポレオン」と呼ばれた。「神は世界地図が、より多くイギリス領に塗られることを望んでおられる。できることなら私は、夜空に浮かぶ星さえも併合したい」と著書の中で語った。

没後は現在のジンバブエのマトボに埋葬されている。彼を扱った映画に『セシル・ローズ――その生涯と伝説』がある。ローズは熱心な帝国主義者であるとともに人種差別主義者でもあった。

希望峰にて

彼は、英国植民地アフリカの夢を持ったチャンピオンの一人であったが、アフリカを愛して貢献した人として南アフリカで今も尊敬され、記念されている。ケープタウンの市民の基金で建てられたローズ記念碑がそれを示している。一九一〇年頃、現地住民の家をモデルに建てられたコテージがローズ記念レストランになっている。私はそこで昼食を食べながら、被植民地だったところに植民地主義者が記念されていることを実感した。

私は、英国の植民地であったアイルランド、香港、シンガポール、マレーシア、ミャンマー、スリランカ、南アフリカ共和国を観て回り、またフランスの植民地であったベトナム、そして日本の植民地であった台湾、サハリン、旧満州、韓国と北朝鮮、オランダの植民地であったインドネシアなどを観て回ったことを振り返りながら、混乱した気分だった。植民地であっても、英国やフランス圏では旧宗主国に対しての怨念めいた感情はあまり感じられないが、日本の植民地圏ではそれを強く感じる。同じイギリス植民地であっても、アイルランドのナショナリズムと南アフリカの人種主義の差があり、宗主国への怨念と恩恵が相反するようなことも感じた。では、五百年も続いた南米諸国ではどうであろうか。私の旅はまだこれからも続くことになる。

セシル・ジョン・ローズ記念碑

Ⅵ　植民地と被植民地の狭間で

1　アイルランド

隣国間における植民地史

英国のアイルランド[18]植民地化は、一般的な西欧の植民地とは異なる特異な点が二つある。一つは、近隣国家を植民地化したことであり、もう一つは、同じ文化圏における植民地化という点である。少なくともアイルランドは一九二二年に独立するまでは、期待されていようがいまいが大英帝国の中で植民地の立場だった。このような点で、日本による韓国の植民地化と類似する。そこで私は隣国間の植民地の歴史に注目し、調査のために英国とアイルランドを訪問した[19]。

英国とアイルランドのような隣接国家間で征服、占領、植民地、併合、統治などの征服―被征服の関係が連続した場合、植民・被植民に二分して植民地時代と区別するのは簡単ではない[20]。またアイルランドの歴史においては、「植民地」という言葉が頻繁に使われているが、この言葉を客観的に定義するのは難しい。すなわち、「征服」と「植民地」とでは概念の違いが曖昧になる。「植民地とはなんだろうか」という問題に突き当たってしまう。
英国は、近接地域の征服と支配の連続線上で、十二世紀以後十八世紀に至るまで、アイルランドおよび多くの海外の植民地を確保していった。英国の植民地は、アイルランド、インド、アフリカ、近東の四群に分けられる。
歴史学者ロバート・ヤングは、近代帝国主義の国家が成立する以前における征服などは植民地概念に入れないし、「植民地とは、近代帝国が出現した後、すなわち帝国主義の国家で国民政治的権力を背景にして外地に移住させること」と定義した。[21] また、西欧の資本主義の出現以後の移住、移民などを植民地と定義した人もいる。[22]
植民者といっても、現地に親しめず郷愁におぼれる人間がいないわけではないが、一般的に、にわか成金になったような特権的な態度をとる人間が多かった。また、経済的・政治的に特権を享受できず一般労働者と変わらない人間もいた。しかしそれでも被植民者に比べ、法律的・経済的などでいろいろ優遇された人間たちであったことは間違いない。被植民者というと、「のらくら者」というイメージがあるだけでなく、それはほぼ実情だった。一名の植民者を採用する給料で二、三名の被植民者を雇用できる労賃システムが作られていたのである。[23]
英国・リーズ大学の植民地研究者のジム・ハウス教授に会い、助言を求めた。彼は私にま

ダブリン市の旧市庁舎

ず、大英帝国の植民地博物館を観ることを勧めた。英国では植民地博物館、大英博物館、陸軍博物館などを観て歩いた。特にブリストルでは、植民地史に関する展示を二日間撮影しながら観覧した[24]。英国南部の港湾都市ブリストルにある大英帝国連邦博物館では、英国の植民地を展示していたが、そこにアイルランドは含まれていなかった。展示では、大英帝国が農業、漁場、地質学、獣医、教育、医薬、公衆衛生、輸送と通信、胡椒や煙草の生産などを開発した〝貢献〟を、「世界的植民地的サービス」としていた。植民地に寄与した貢献が主になっている。すなわち、植民地に関して反省することなく肯定的な歴史を展示している。ロンドンの帝国戦争博物館も、民族主義やナショナリズムを色濃く示している[25]。

国立陸軍博物館は、帝国戦争博物館に比べ規模も小さく、特別人気がないようだったが、戦争においてチャーチルのような英雄が現れることを賛美する感じがした。

以上の展示などを通じて、英国では植民地の歴史を史実に基礎をおいて客観的に展示していたが、反省とか否定的遺産としてではなく、肯定的に展示していることが分かった。[26]

現在、大部分の植民地は独立・解放されている。それを政治的解放や独立と言うことができるが、このことで植民地被害意識から完全に免れるということではない。すなわち、政治的には解放されながらも、経済的・文化的には植民地状態が続いているのである。植民者の国と被植民者の国で同時に反省を要求する状況を意味する。[27] 特に西欧人たちは植民地的偏見や意識を表面的にはそのまま表さないが、対話やいろいろな討論などでそれが感じられる。[28]

宗主国と植民地の認識の違い

アイルランドは山が少なく、湖水が多く、気候は寒からず暑からずだが、雨がよく降る。台風はないが、暴風が多い。自然環境は英国との違いがそれほどない。ダブリン市内の観光ツアーは、民族運動の本拠地だった建物を見学することが多かった。ガイドは、アイルランドが十二世紀以来長い間英国に支配され、植民地化された歴史を話す。

ロンドンの帝国戦争博物館

ブリストルの大英帝国連邦博物館

アイルランドの英国植民地化は十二世紀にさかのぼる。一一六九年、ノルマン人たちがアイルランドに侵攻し、イングランドから移住者たちが入った時から植民地の始まりと考える人がいるが[29]、完全な植民地は、一五三六年、トマス・フィッツジェラルドが反乱を起こすと、鎮圧したヘンリー八世が統治するようになる。または一七九八年、反乱を契機に英国がアイルランドを完全に国外植民地から英国に〝併合〟して、以後一九二二年に独立するまでを植民地と見る人もいる。

アイルランド人たちは、英国の被植民地だったことを強く意識している。至る所で英国が建てた建物に対して長たらしい説明をし、英国との戦争があった城など英国の植民地史を解説した。

私は日本の植民地を研究しているので、英国が隣国を植民地にして、今も宗主国に対して大いに反感を持っているアイルランドについて知りたい。なぜかと言うと、西欧の植民地は地理的、社会・文化的に遠いアジアやアフリカが大部分であるが、アイルランドは英国の隣の国であり、隣国間の植民と被植民の関係から、日本の隣の国々に植民地を設置していた日本の植民地を理解する上で参考になる。

英国は、アイルランドを植民地とは思っていなかったようだ。すでに言及したように、大英帝国連邦博物館の植民地の展示にはアイルランドは含まれていなかった。一八〇〇～一九〇〇年の地図を見ると、アイルランドは植民地ではなく本国の領域に含まれている。ロンドンの書店の「植民地」コーナーでは、アイルランドに関するものはほとんど見られない。つまり、英国人の植民地にはアイルランドが含まれていないのである。

アイルランドの首都ダブリンで国立博物館、戦争博物館、国立図書館、美術館、二つの刑務所、古書店、ジェームス・ジョイスの生家、カトリック教会、各種銅像などを観て回った。ダブリン市内の大型書店ではアイルランドの歴史と文学に関するものが圧倒的に多く、アイルランド文学以外はないかのように思われるほどである。ビデオ、DVD、CDショップでもアイルランドの民謡が圧倒的に多かった。ほとんど一六〇〇年代からの植民地時代のものが多い。

ジェームス・ジョイスの生家（ダブリン）

独立運動家たちが刑を受けたり処刑されたりしていた刑務所の展示室に入った。大型のスクリーンに、英国が植民地を広げていくのを映像地図で見せながらナレーションが流れる。国立美術館のメインホールには、英国との戦争を描いた五メートルにも及ぶ歴史的絵画が掛かっている。ビデオショップでもアイルランドの民謡が圧倒的に多い。

図書館、博物館、書店などで受けた印象の一つは、前述したように、英国における「植民地」の概念にはアイルランドは含まれていないようであるが、反対にアイルランドでは、英国の征服あるいは植民地が大きくクローズアップされ、対照的になっている。英国とアイルランドの両側から調査しなければならない。英国によって三百余年も支配されたアイルランドは、六〇〇年頃からローマカトリックが布教し、カトリックの教義を頑固に守ってきた独立国家だったが、英国のヘンリー王の軍隊が一一七一年にアイルランドに上陸して英国の植民地にして、プロテスタントを布教した。その後、カトリックとプロテスタントが対立するようになった。

英国がアイルランドを完全に支配するには百年余りの歳月がかかった。結局、英国が強権的にアイルランドを支配し、二回にわたる内戦で人口は激減してカトリックの地主階級は没落した。アイルランド人の不満はますます激しくなった。大英帝国は一七九八年、反乱を契機にアイルランドを完全に大英帝国に併合した。

一八四五〜四九年、アイルランドはジャガイモの凶作などで百万人程度が大飢饉で餓死し、アメリカなどに多くの人々が移民した。飢饉で人口が四一〇万人に減少した。アイルランドは大英帝国により三百余年間も植民地にされ、英国文化、英語などの影響を強く受けている。

そしてジェームス・ジョイスやイェーツなどの英文学作家を輩出した。ただし英国の郵便ポストやバスの色が赤いのに比べ、アイルランドでは形は似ているが、郵便ポストは緑色でバスは黄色である。

悲劇的な植民地官僚ケースメント

ところで、アイルランドは、被植民者と同時に植民者でもあった。つまり英国の被植民者でありながら、同時にアジア、アフリカなどの被植民地に対しては植民者の立場だった。植民者と被植民者の立場をともに経験した人物がロジャー・ケースメント（Roger Casement、一八六四〜一九一六）である。彼の現地調査の報告は政治的にも文学的にも相当に注目されたが、文化人類学者で注目したのはマイケル・タウシグ（Michael Taussig）が代表的と言える。ベルギーのゴム商人たちが現地人たちに対して残酷にムチ刑、水拷問、性拷問、強姦、虐殺などを行ったことについて、キリスト教徒であるケースメントは信仰的精神を基盤に、植民地での経験を基礎にしてアイルランド独立運動に、またはアイルランドの植民地で受けた体験を通してアイルランドや南米現地人に対する同情的態度をとったことに注目した(30)。

英国とアイルランドの間で植民者と被植民者として活動し、結局大逆罪により死刑になったケースメントは、アイルランド人として当時の植民地宗主国である英国の植民地官僚になり、アフリカ、ラテンアメリカで勤務した人物である。同時に彼は、英国とアイルランドの植民政府国と被植民地国の間で犠牲になった人物である。もちろん当時、彼は英国の植民地である大英帝国の国民だった。同時に彼は植民地と被植民地の立場の双方を経験した人物である。彼は大英帝国とアイルランドの植民と被植民の間で出世し、時には英国の側に、時にはアイルランドの側に立って活動したが、最後は英国によって処刑された悲劇的な人物だった。アイルランドの反英独立運動をして大逆罪で処刑されたケースメントの名が、今は公園、クラブ、駅などに付けられている。

ケースメントはアイルランドのダブリンで生まれ、父のプロテスタント信仰と母のカトリック信仰を受け継いだ。彼は九歳で母を、そして十三歳で父を亡くした。その後、北アイルランドのプロテスタント信者である伯父のところで育った。十六歳で学校を卒業し、英国リバプールの船舶会社の船員として就職した。その後彼は、大英帝国の植民地官僚としてアフリカ、ラテンアメリカで勤務し大きな実績を残した。

一九〇三年、コンゴ自由国の大英帝国のボーマ領事になり、英国政府によってナイト（Sir）の称号を授与された。ベルギー植民地の人権問題に関する詳しい報告書を大英帝国本国に提出し、大英帝国外務長官の前文を添付して各国政府に送付するなど、国際的にベルギーのコンゴ悪政を訴えた。ベルギー王のコンゴ支配を糾弾し、ヨーロッパの植民地政策が再考されるほどの影響を与え、結局一九〇八年にコンゴが独立することになった。コンゴ自由国での蛮行の人権問題に関する彼の報告書は各国政府に送付され、国際問題に発展した。

一九〇六年、ブラジルのパラー、サントスの領事、リオデジャネイロの総領事になって、プトゥマヨ河で発生した原住民虐殺事件、大英帝国ゴム会社の原住民に対する搾取と虐待、奴隷の取り扱いなど人権問題を調査して本国に報告した。業者たちからは「英国のスパイだ」と言われた。本国に帰国して反奴隷制の社会運動を行った。

彼は人権問題で大英帝国との関係が悪化し、ついに一九一二年、英国外務省を辞職した後、アイルランド独立運動の資金を工面するため米国とドイツを訪ねた。彼は英国政府から危険人物と見なされ、命を狙われるようになった[31]。それにも拘らず一九一六年四月二十四日、復活祭蜂起に必要な武器の調達のためドイツのベルリンで交渉して帰国時、復活祭三日前の二十一日、ケリー県の港で英国軍に逮捕され、スパイ活動の大逆罪で一九一六年八月三日、ロンドン北部のペントンヴィル刑務所で処刑された。

ロジャー・ケースメント

反乱蜂起は不十分な計画で始まったので英国軍によってすぐに鎮圧され、主導者たちは即刻判決を受け処刑された。英国政府はアイルランドの独立運動を計画した彼の身分を剝奪し、反逆罪とスパイ罪および大逆罪という判決を下した。

アイルランドで反英思想が高まるとともに一九一八年十二月に行われた総選挙では、イースター蜂起に関与したと思われる候補が当選し、議席の四分の三を獲得した。翌一九一九年一月二十一日に開催されたアイルランド共和国議会では独立を宣言し、英国軍に対してゲリラ式反抗運動を展開した。一九二二年、英愛条約で〝アイルランド共和国〟が建国された。

アイルランドが独立した後、ケースメントに対しての評価をめぐってさまざまな評価が出てきた。英国政府の領事だった人物がアイルランドの民族主義者に変身したことに対する疑問がずっと残った。ケースメントに対して再評価しない声が大きくなった。彼に対する評価は複雑だった。裏切り者、無能力者、危険分子、殉国烈士、人権主義者、同性愛者など二律背反的だった。

彼に対する評価は分かれた。ケースメントが処刑される前、数多くの有力者が猶予のために陳情した。彼は英国とアイルランドの両国において、時には相反する見解によって批判され、評価されることがあった。英国当局は裁判の公正さを示すため彼の同性愛に関する記事、いわゆる〝ブラック日記〟を公開した。しかしマスコミを含む多くの人が、それは偽造に過ぎないと考えた。処刑当時には英国の側から反英とスパイという嫌疑がかけられた。アイルランド独立運動のための反英的な行動が結果的に英国で大逆罪になったのである。

アイルランド側からは、英国植民地政策の先端の植民地官僚だったことだけで祖国アイルランドを裏切った人物、植民地主義者と認識され、アイルランド独立運動団体は彼を信用せず、むしろ排除しようとした。アイルランド民族主義詩人イェーツも、一九三七年、ケースメントをマスコミで愛国者云々という話題の時、「彼が何をしたというのですか。彼が絞首刑になって死んだのは特別なニュースではない」と述べた。結局、大英帝国とアイルランドの両側で、反民族主義者であると同時に祖国を裏切った人物だと評価されたのである。

ケースメントの墓（アイルランド国立墓地）

彼が処刑された以後、英国では、植民地において重要な官職を遂行した人物として人権運動などの功労者であるにも拘らず大逆罪で処刑されたことに対して批判が起こり、アイルランドでは、独立運動の基礎を作った愛国者を英国の植民者の手先と責め立てるのは正しくない、という世論が沸き上がった。彼の曖昧な立場に対する好奇心と後期植民地的な意識の高まりによって、アイルランドや英国外の国々、とりわけドイツで彼に関する出版物が溢れ出た。

特にケースメントの大逆罪、即ち反逆罪とスパイという内容に対しては反省の声が高まった。英国の裏切り者として、現地の植民者の商業者にはスパイと思われるなど彼に関する評価はさまざまだった。彼が植民地の支配者の手先だったのか、そうでなければアイルランドの独立運動家なのかと、相反する意見が対立した。

結局、彼の死後五十年が過ぎ、英国をはじめ多くの国で彼の植民地批判と人権的行為が愛郷的・民族的なナショナリストの次元を超えて普遍的な人権運動家、民族主義者、国際化の先駆者であると高く評価され、国際的に平和に貢献した人物と認定されるようになった。彼に対する否定的イメージが、時代的状況に従って肯定的な評価に変わっていった(32)。今、アイルランドでは彼を、独立の基礎を作った民族的独立運動家として確実な地位を与えている(33)。

ケースメントが成就させた事柄が人権に対する国際的理解を受け、一九六五年三月一日、彼の遺骨は祖国に返還された。アイルランド大統領のエイモン・デ・ヴァレラ（Eamon de valera）が主宰した国葬には三万人のアイルランド市民が参加し、国立墓地に葬られた(34)。一九九〇年代にはＢＢＣラジオにより、国際化の視野から彼は先駆的な人物として再評価された。小説や演劇などでも頻繁に取り上げられるようになった。

時代の流れに従って、彼の人権的な運動と態度は再評価され始めた。戦後、彼の死後五十年が経ち、ケースメントに対する態度は完全に変わった。英国では、被植民地への配慮が深い人物であり、人権主義者と評価されるようになった。アイルランドでは一九一六年、復活祭蜂起の時に独立運動を起こして犠牲になった愛国者として認められるようになった[35]。彼は詩人、革命家、民族主義者と呼ばれるようになった。特に、マスコミや作家、研究者などが悲劇的な人物として取り扱うことが多くなった[36]。イェーツまで彼の遺骨の返還を望む詩を書いた。彼に対するポップソングが作られて歌われ、褒めたたえられるようになった[37]。

大英帝国の崩壊と不安な時代、言論の自由、人権、同性愛など、ケースメントが多くの話題にあがった。大英帝国のアイルランド植民地期の反逆者、スパイ、反民族主義者、植民主義者、人権主義者、愛国者特に愛郷的・普遍的な人権運動家、民族主義者でありながら国際化の先駆的な人物として評価され、政治的にも文学的にも関心が高められ注目を集めた。

ケースメントの墓参り（2008年９月）

ケースメントが英国軍に逮捕された北アイルランドの最大都市ベルファストに

立ち寄ってみた。公園、クラブ、駅などにケースメントを冠した名前が多い。書店にも彼の独立運動と反抗詩、歌などのコーナーが備えられていた。この国は、自国以外のことにはほとんど関心がない、本当に民族主義が強い国だと感じた。国立図書館で愛国詩人イェーツの特別展を見た。イェーツは、英国がアイルランドのインフラストラクチャーや社会文化を近代化させると同時にアイルランド人の頭脳を空っぽにした、と批判した。そして、民族的反省の言葉でアイルランド人が植民地の過去に執着することは自らを破滅させる、と警戒した。

植民地支配における近接性と近似性

東アジアの植民地支配の特徴として、近接性と近似性が注目される。西洋植民地においても近接・近似の間における植民地があった。日本による近隣地域に対する植民地支配は、ヨーロッパ列強による植民地支配とは、宗主国と植民地の間の近接性と近似性においても異なるものと言える。

問題になるのは、近似性の方であろう。何が似ているのだろうか。中華文化への肯定的評価、漢字による伝達、儒教的道徳などがあげられるが、「似ている」、「近い」という思い込みと言うべき認識のあり方に留意して、移動によって出会う「他者」との関わりを再度問う必要があると思う。

「近いから分かり合える」とか「似ているから統治がうまくいった」などということではなく、そう考えてしまう人々のいることを見据えて、自分の研究を問い直したい。近くにありながらも、東アジア諸地域――日本、韓国、中国は、みな異なる文化を有しているという自明のことも忘れずに、また植民地と植民地との間でのモノと人の移動についても、こうした近接性や近似性をもたらすもの、あるいはそうしたものとは断絶した関係として考えることもできると思う。

似て異なる東アジアの諸地域の中で起こった植民地支配、またその後も続く関係について、互いにどのような視線を向けているのかを、視野に入れて考察しなければならない。

日本帝国と韓国もそうだったように、英国とアイルランドが注目されたことがある。最近、新たにそれが注目され始めている。ここで矢内原忠雄の研究を読んでみる必要がある(38)。

日本と韓国は同じ漢字文化圏であり、儒教的道徳などを共有していると言える。その意味で「似ている」、「近い」と言う。つまり「他者」認識が弱く、植民地における同化政策がやりやすい。しかし近くにありながらも、似て異なる東アジアの諸地域の中で起こった植民地支配はどう行われたのか。

新渡戸稲造は「今や我が国はヨーロッパの諸国よりも大国となった。かく大国となりし上は、もう旧来の島国根性などといふものは棄てねばならぬ」と述べた。当時のほとんどの日本人は同感したはずである。矢内原も「先生の言葉に国民の活動範囲の拡張に応じて精神を広く、心を大きく有らねばならぬこと」との感想を述べた。

矢内原の植民とは、社会群の移住、つまり移住・拓殖の意味に似ており、社会的・経済的「実質的植民」であり、民族問題である植民地の本質であると述べている。それは経済的同化(植民地の資本主義化)をめざすものであるとした点に注目した。それは、政治的支配従属関係・移住地の政治的領有関係である「形式的植民」とは次元を異にした。彼は政治的支配はそれほど重要視しない。朝鮮の平和的な分離独立を容認していたのもそうであろう。

齋藤英里は「再論　矢内原忠夫とアイルランド」(『エール』26、二〇〇六年)において、矢内原にも「忠君」精神が見て取れ、矢内原が平和思想のために衝突した右翼や軍部と心情的に通じる部分があった、とする。また矢内原が自分の使命としたのは、「単にキリスト教の伝道者として個人をキリストに導くといったものでなく、国を救うということだった」のであり、「彼の使命感は基督教者としての使命感だったと同時にナショナリストとしての使命感だったといってよい」とする。内村流の愛国的平和主義の特徴は、自分の愛国心のために国家との衝突を避けようとし、自分の平和主義の非妥協性を純粋に非政治的なレベルに留めることによって守ろうとしたことである。愛国心とは、国の戦争のために尽くすのではなく、国の平和のために尽くすことだという。

矢内原の植民民族の解放とキリスト教海外伝道の推進が結びついて、日本、特にプロテスタントのキリスト者の植民地への関与が強調される時には、「清教徒信仰による福音の普及」という意味での「同化政策」自体はむしろ称賛されていた。キリスト教宣教師がアジア・アフリカへの西欧列強の占領の先導を担った情熱と同じで、樺太北海道のアイヌに対しても、南洋「土人」に対しても、朝鮮人や台湾人に対しても、「キリストの遺命」として伝道を主張した。

矢内原のアイルランド研究の動機は、日本の朝鮮・台湾・満州に対する植民統治への強い関心からだったとする。植民政策による圧迫搾取とそれへの抵抗、自治領（ドミニオン）化政策という英国の融和的妥協策、さらには分離独立も展望するアイルランド問題の把握の中に、植民政策批判の基本的態度を見ることができる。日本の同化主義に対する批判的観点から、その批判を明確化するために自主主義をより好ましいものとしていた。

矢内原が「日満経済ブロック」で、満州移民の必要があるが、世界と対立するようなやり方ではいけないと、植民研究史上および植民政策論研究史上初めてアイルランドを具体例に挙げた。諸民族の交通が進むにつれて政治・経済、その他文化的生活圏が拡張されていったもので、地球上の各地域に住む人類が「全世界的連関」を持つようになったものだとした。

朝鮮を念頭にアイルランドを比較した。矢内原の朝鮮統治には「参政権を与える」という意見があった。

2　フィリピン

監獄のような〝楽園国家〟

英国の被植民地だったアイルランドにおけるロジャー・ケースメントが大英帝国の大逆罪で処刑されたことに対応するようなフィリピンの人物に、私は関心を持った。ホセ・リサール（一八六一～九六）である。彼は三百余年にわたるスペインの植民統治に抵抗し、一八九六年十二月、マニラで公開処刑された。そして今彼は、〝独立運動の父〟としてフィリピンであがめられている。

ホセ・リサールは植民地政府のスペインに留学して医師になり、文学者、画家として出世したが、スペインに反抗したことをスペインは裏切り行為と考えたのである。その点でケースメントの例と似ている。すなわち、植民地時代に植民地文化を身につけ教育を受けた人間が植民地政府に対抗・抵抗することは、植民地政府の立場からは裏切り、すなわち大逆罪に値するとされるのである。このような例は多くの植民地で共通する現象である。

私は二〇一一年二月十四日、台北を経由して初めてフィリピンのマニラに着いた。免税店が並んでいる前を通ると、ある人物が手を振りながら私を出迎える人のように走って来るではないか。ひょっとすると知っている人では、と反応してしまったが、彼は靴磨きだった。古い靴は本当に磨かないといけない、ということに気がついて私は恥じた。

出口は大変混雑していた。空港に出迎えに来た人も多く、お祭りではないだろうかと思われるほどだった。最近、韓国人や中国人たちの観光客が前年より一七%増加したという情報を、実際に確認した。日本では大雪だという話だが、台北では雨が降り多少寒く感じた。しかし、このような服装ではここでは暑くてたまらない。

知人の金氏が迎えに来て案内してくれた。ホテル前のヤシの街路樹と海の風景は見事だ。気温は二十度以上である。寒さから解放され、南国の風景を満喫した。ダイアモンドホテルに到着した時にびっくりしたのは、ホテルに入る自動車を、警備員たちがマイクロ探知機で車の下まで危険物を調べ、入り口では二匹のシェパードが臭いで確認した後、監視員が荷物を開けて検査し、検査台を通過しながら、さらに身体検査をし終えてやっと中に入れることだった。散歩をして入る時も例外なく同じことをする。ショッピングセンターやデパート、コーヒーショップ、そして銀行、博物館、学校などももちろんである。有名な建物であればあるほど検査程度が厳格だ、と自慢するように話す人もいる。

公共機関の前には、警備員なのか警察なのか若い青年たちが拳銃、懐中電灯、梶棒などを備え制服を着て、小銃で武装した者が何人かいた。ある武装した警備員は、コーヒーショップで掃除などをしていて不釣り合いでこっけいな感じまでした。彼らはいつもにこやかな表情をしている。対応する人たちも慣れたような表情で、のんびりとふるまっている。ホテルなどには客が臨時に拳銃を預ける金庫も準備されているという。拳銃所持文化と検査文化とが対応している。

私がフィリピンに行くと話した時、周りの人たちが「治安が悪い国だから気をつけて」と注意してくれたが、こうしたことではなかったかと思い出した。フィリピンに住んでいる人に聞くと、即「治安はそんなに悪くない」と言う。しかし、このように日常的に銃を持って初めて治安が守れる国ならば、決して良いとは言えない。このような日常的な検査は、戦争中の国家であり、監獄のような国家だと言うしかない。民主化された国、独裁政権を倒した国民が、〝楽園〟だとも思われながら平和を守るためとはいえ、なぜ自ら進んで監獄のような国家を作ったのか？

魚とマンゴーなどの果物が豊富な楽園のような国を、日常的に銃で守らなければならないというのは、決して平和な社会とは言えない。一日に何回も検査を受けながら住む国を、絶対に作ってはいけない。これに慣れるのは良くない。

フィリピンはスペイン、米国、日本などによって支配された。しかし最近、彼らは植民地や占領に対して悪い感情を持っていないようである。フィリピンはスペインのカトリック宣教政策で改宗した国である。イントラムロス（スペイン植民者の居住地）では、一五八七年に建てられたサン・アグスティン教会が米軍と日本軍に爆撃されて、一九七三年から博物館として使われている。国立博物館では植民地や占領に関する展示はしていない。そしてすべての島々がカトリック化した。

〝独立運動の父〟ホセ・リサール

ホセ・リサールは、一八六一年六月十九日、ルソン島の小さな村カランバで生まれた。彼の名前はスペイン式であり、三三〇年以上スペインの植民地であり、彼は母の家庭教育、そしてスペインの植民地教育を受けた。母は彼に、昆虫がなぜ光に向かって群がり集まって死ぬのかを例にあげ、光や炎に近づかないよう注意したという。しかし結局、彼はそれを守れず、犠牲となる悲劇的な人物になった。スペインの人々はフィリピンの人々をインディオと呼んで差別した。彼は幼い時から、フィリピン人たちがスペインに反抗すればすぐスペイン政府によって制圧されるのを知っていた。

ホセ・リサールは幼時から小説を好む文学少年であり、剣道など多くの趣味や才能があった。十八歳の時、スペイン語で書いた小説『神たちの会議』は文学賞も受賞した。一八八二年、スペインのマドリード大学に留学、医学を勉強し医者になった。『私にかまうな』という小説を発表し有名になった。植民地支配の矛盾を批判して、スペイン人たちのフィリピン人に対する差別を告発した内容だった。

医者、著述家、詩人、言論人、教育家として、特に小説を通して植民地の改革を主張した。フィリピンの植民地改革を要求する言論活動も行った。主に植民地政府と教会、特に総督やカトリック神父たちの偽善などと闘う自由主義の小説を書いた。

帰国して、医師として、また作家としてフィリピン人を啓蒙し、言論、教育、社会福祉などで活躍した。長いスペインの植民地支配からの自由、独立を訴えた。彼の批判はスペインで知られ、スペイン政府の追放令に従い退学処分を受け、フィリピンに戻ってしまった。以後、マニラで民族同盟を組織、社会改革運動を展開した。

ホセ・リサール

一八九二年、フィリピン連盟を結成し、独立運動を指揮している途中、スペインの総督に逮捕され、ミンダナオ島に流刑されてイントラムロス内にあるサンティアゴ要塞の監獄に移され、収監生活を送り、一八九六年十二月三十日、市内（現在のリサール公園）で公開銃殺処刑された。

彼の死はフィリピン人たちの独立の意志に火をつける契機となり、彼が収監された監獄の近くの現リサール公園には記念館が建てられ、ホセ・リサールの処刑場面を再現した銅像が設置された。私はその収監されていた刑務所を観て回った。彼の犠牲は決して無意味ではなかった。

米国とスペインの戦争で、フィリピンは一八九八年から米国の植民地になった。私は、安井祐一著『ホセ・リサールの生涯――フィリピンの近代と文学の先覚者』（芸林書房、一九九二年）を読み、映画『ホセ・リサール』（一九九八年）も観た。三七七年間植民地であったフィリピンの映画は、スペイン語で作られ、今の公用語である英語字幕が付けられている。

スペインの植民者たちは、イントラムロス城内に主として居住しながら、住民たちがスペイン語を学べば重刑に処すなど徹底した分離政策下で剣と十字架をもって強圧的な政策を強いた。住民たちはスペインに対しては反感を持っていたが、米国には好感を持っている。米国の政策は混合主義、そして親切な政策を用い、望めば英語を身につけられるようにした。今もフィリピン人は、米政府に対しては肯定的な態度を示す。

ホセ・リサールを中心に年表を示すと、次の如くである。

一六四七年　オランダ艦隊フィリピン攻撃
一七四五年　英国軍マニラ占領
一八〇九年　スペインの直轄植民地
　六一年　リサール誕生
　八二年　リサール、マドリード中央大学に入学
　八四年　リサール、医学コース終了、学位取得
　八七年　リサール、一時帰国
　八八年　リサール、国外退去の勧告を受けロンドンに到着
　九二年　リサール、ダピタン島に流刑
　九六年　リサール、銃殺刑
　九七年　米西戦争勃発、米軍マニラ占領
　九八年　パリ講和条約でフィリピンの領有権が米国に与えられる
一九三六年　マニュエル・ケソン大統領、日本の天皇礼訪
　四二年　日本軍、マニラ占領
　四五年　日本、無条件降伏

〝楽園の国〟再訪

二〇一五年九月二十六日、私は二度目の調査のため再びマニラに向かった。執筆中に、リサールについてもう少し詳しく調査したくなったからである。

訪問の日程が、韓国の秋夕《チュソク》（旧暦の八月十五日に祖先祭祀や墓参を始めとする行事が行われる祭日）に重なった。韓国からの旅行者が多く、マニラ空港の混雑が予想されると聞いていた。意外に、台湾を経由する飛行機では、韓国人はあまり見なかった。韓国で私のスケジュールを知っている崔氏がマニラの知人に連絡してくれ、滞在期間中のすべての世話はしてもらえるとの電話連絡があった。

マニラ空港ではあちこち見渡しても、私が最高の〝高齢者〟であるようだ。崔氏が言うには、私は老人だということを意識して注意しなければならないようだ。空港は以前より大変きれいになって、入国審査官たちも挨拶をしてくれるなど大いに変わった。フィリピンも発展したようである。

金氏とは四年ぶりの再会である。彼はフィリピンに二十余年間住んでおり、事業を行い、今は食堂など八つの店舗を持つ社長になっていた。街は依然、貧困ぶりを変えていない。これからの発展性を彼に聞くと、その気配はほとんど見られないとのこと。経済自体よりも、政治家たちが親戚の不正などで民主化の道を遮り、効果的な政治ができないためだと言う。米国の植民地に留まっていた方が良かったのではないか、というような質問を投げかけた。私は半分冗談だったが、彼は真顔で同意するふうであった。彼は、指導者がどの民族の誰かが問題なのではなく、良い政治をするかどうかが問題だ、と言った。

夜、散歩を兼ねてホテルの外に出たが、すぐに目の前に貧困が広がる。物乞いする大人と子供、そしてバス内など、貧困が目の前に展開された。エレベーターで会った白衣の紳士は、ドバイから来た人だと知ったが、彼はこのホテルのカジノの客のようである。ホテルに戻ると、外側の世界とは別世界であった。五十〜六十個のラウンドテーブルを備えた結婚披露宴が六階の大型ホールで開かれていたが、写真撮影を了解してもらいシャッターを押した。ホテルの外とは桁外れの対照を見せていた。貧富の格差を一目で見た。

一体、リサールの独立運動とアキノの民主化は何を意味するのだろうか。五十余年近い米国の支配は、英語教育一つの満足に過ぎない。それでも旅行案内書には「楽園の国」と書かれている。北朝鮮の人々が祖国を「楽園」だと言うのと同じで、自分たちで勝手にそう思っているのだろうか。私の心は大変重く暗かった。

翌日、日曜日の朝はまずイントラムロス城の中にあるマニラ大聖堂に立ち寄り、礼拝に参加した。スペイン植民地時代の建物は第二次世界大戦の火災で焼失し、戦後の一九五〇年代に再建されたものである。

三百余名の信者たちでいっぱいの礼拝は、英語で進められた。左右両側にはモニターから讃美歌の歌詞が映し出される。ほとんど聖書を持った人はおらず、順序もなくただ神父の一方的な司祭で長く礼拝が進められた。信仰生活というよりはただの習慣のようだった。スペイン植民地が残した最も大きい遺産であると言うことができる。スペイン語はほとんどなくなり、聖堂及び住宅などの建物が残っているだけである。

カーサマニラというスペイン植民地時代の邸宅が公開展示されている。一八六三年と八〇年の大地震で破壊されたものをここに再現したのである。個人住宅である二階の建物が生活博物館になっている。七五ペソの入場料を取っている。この観覧には、入場料のほかに献金も一般化されている。おそらくこれも植民地の遺産だろう。風呂屋を兼ね備えた西欧先進文化も見ることができた。

比較的植民地当時の様子をそのまま維持した建物に、一六〇四年に建てられたサン・アグスティン教会がある。この建物も、地震と戦争の破壊の歴史を遺している。教会前の広場が死刑執行場だったのは、教会がどれほど植民地の暴圧政策に実権を行使したかをよく知らせ

イントラムロス城

てくれる。ここでは部分的に撮影が禁止されている。管理員たちは、禁止よりは品物がどれだけ貴重かを強調しようとしていると感じられた。

韓国の食堂が韓国語で看板をあげているのがしばしば目につく。韓国食堂の「肉屋」で、昼ごはんに私はユッケジャンと冷麺を注文した。美味しい。隣席のテーブルで韓国人の客たちが、大きな声で現地人従業員に悪口を浴びせ、驕《きょう》慢《まん》な態度を見せていたのは本当に残念だった。

ここでは、日本人と韓国人に対する印象を案内者に聞いた。彼はここの日本食堂は高くて美味しく、日本人に対する感情は韓国人に比べてもいい、と言う。日本に占領された歴史を経験しても、日本人より韓国人を嫌うということは、何を意味するのだろうか。植民地の歴史そのものではない、人と人の信頼関係などが好感度を左右するのではないかと思った。

続いてイントラムロス城内の旧刑務所に移ると、死刑囚が死刑執行所に向かっていく足跡を真鍮で作ってある。その足跡をたどりながら、その道に従って建てられている多くの大小のリサールの銅像を見ながら記念館に立ち寄った。記念館での撮影は自由だったが、これは大部分模造品を展示しているためだった。掲示されている絵の損傷を防ぐためとはいえ、悲壮な雰囲気を醸し出すためなのか室内はとても暗く、実態を確認することさえ難しかった。映像で説明されるのが手助けになる。国民教育のための展示ということであろう。

記念館を出て帰る途中、一軒の骨董商店に立ち寄って貴重な本を何冊か買い、ロビンソンデパートのビデオショップに寄り、リサールのＤＶＤを購入した。私は疲れていて、気力をほとんどなくし、アイスクリームを食べながらしばらく休息した。その後、三階にある「吉沢」という日本の骨董品店に寄って、ここで妻が、日本軍の占領当時に使用されていた軍票を発見した。日本が戦争中発行し現地で使った紙幣だった。「日華事変（中日戦争）の軍票百円　１９４４年未使用」、すぐに購入した。風が激しくなったので、急いでホテルに帰った直後、大雨が三十分間降り続いた。ここのスコールである。

植民地の英雄は悲劇から生まれ……

マニラでリサール記念公園を見て回った。公園の中央にはリサールの記念碑の青銅像があり、ここには、接近できないよう距離を置いて二人の武装警備員がゆっくりと周辺をぐるぐる回って警備をしていた。ここからすぐ横の林にはリサールが劇的な最後の銃殺を受けた場所があって、銅像、彫刻物でその状況を表象する場面が演出されていた。すなわち銃殺される場面を再現したものである。地下には彼の遺体が安置されているという。遺体をここに移葬したのは最近だという。スペイン語で書かれた詩的なあいさつの言葉が刻まれている。日本語に略訳してみた。

彼は植民地によってフィリピンを〈今はなき楽園〉だと考え、しかし〈神が保護する私の祖国〉だと叫んで、自分の生命を〈私の萎びた命〉祖国に捧げるという言葉で書き出し始めた。〈夜明けになれば私は逝くのだ〉、〈私の血で染めるのだ〉、〈新たに生まれる〉、〈祖国と神様の胸に抱かれる〉、すなわち殉教殉国を行い、死して復活することだという信念を心に抱いた。

ホセ・リサールの処刑場面を描いた銅像（リサール記念公園）

スペインに留学して医師になり、反植民地・独立運動に乗り出すことは、当時の支配者にとっては〝裏切り〟であり、〝大逆罪〟である。スペインの支配者たちは、自分が育てた子供から、教えた弟子から、恩恵を施した人間から裏切られたという背信感を持つようになる。結局スペインは、ホセ・リサールを処刑して民族の英雄を作った。スペインはリサールのような人間が再び出ないよう処罰をしなければならなかったが、逆効果であった。

ホセ・リサールだけではなく、インドのガンジーなど多くの愛国者たちが、植民地政府の恩恵を受けた人たちである。裏切りと報恩の葛藤が存在したのである。特定の政府との恩恵と報恩の関係を超えて、人間の平等と平和を追求する説明がなされなければならない。ところで、民族主義者たちは「愛国」という小さな枠で彼らを評価して英雄に崇め奉る。しかしリサールが処刑された後の評価は完全に反対で、世界各地で記念碑が立てられている。スペインは彼を出世させたが、彼は結局スペインに抵抗する人物になった。彼を偉大な人物にしたスペインは、彼を銃殺することでまたもう一度英雄にした。矛盾の歴史である。

植民地が生んだ英雄たちは、ほとんどこのように「愛国」という小さい枠から英雄視され始めるのが普通である。英雄は悲劇から生まれる、という構造を確認した。無実の罪で死んだ魂は、単純に悪い方に進む否定的な存在だけでなく、英雄を誕生させもする霊魂信仰の力を持つ。それを基礎に広く植民地の大逆罪、戦争犯罪人などについてこうした霊魂観が作用していると言える。

私はリサールを、そのような神格化において彼の苦しい生涯と死後幸せな存在となることとして見た。同時に私は、彼に関する映画を観ながら、これもまた一つのプロパガンダだと思った。カトリックと植民地政治には政教一致の問題点が複合して現れること、リサールの小説が焼却されたことを見て、古代中国、日本の植民地、現在の韓国などでも普遍的に存在することを感じた。すなわち、英雄出生の悲劇の構造が理解できる。

悲劇は英雄になる一つの重要な道だ。彼の生涯は、ユダヤ教を裏切り、ローマ帝国の背景で一人のユダヤ総督による大逆罪（?）で十字架にかけられて死んだイエス・キリストと似ている。

宗主国と戦う英雄たちを崇拝しながら愛国主義を高めるのはいいことであるが、英雄たちを盾にして独裁を行うのは良いことではない。フィリピンをめぐって言えば、スペインの植民地に対抗した英雄ホセ・リサール、そして民主化で犠牲になったアキノなどを英雄視したことが、今の反植民地化・反戦民主化の発展にどの程度寄与したかは疑問である。他の国においてもほとんど似たような現象がある。民族的な英雄を、無実の罪で死んだ魂を祭る神話より良くない民族主義を見れば、そのように思われる。

フィリピンでは、スペインの植民地に対抗したリサールを英雄視している。彼の苦難の生涯が死後、英雄視されている。彼は十字架に架けられて死んだイエスと似ている。彼を描いた映画からは英雄出生の悲劇の構造が理解できる。すなわち、悲劇は英雄になる一つの重要な道だ。英雄たちを崇拝しながら愛国主義を高めるのである。

注

（1）「義務教育の小学校教科書の朝鮮語問題」八巻（中国朝鮮族教科書、朝鮮語、一九九六年五月）

（2）拙稿「朝鮮総督府庁舎の破壊と「風水」ナショナリズム」（『日本民俗学』二一八号、日本民俗学会、一九九九年）、崔吉城『「親日」と「反日」の文化人類学』（明石ライブラリー40、明石書店、二〇〇二年）、野崎充彦『韓国の風水師たち――今よみがえる竜脈』（人文書院、一九九四年）

（3）Richard G, Fox, Urban Anthropology, Prentice-Hall, Inc., 1977.

（4）Ernest C.T., “Chew The Singapore National Identity : Its Historical Evolution and Emergence”, *A History of Singapore*, Oxford University Press, 1991, p.363.

（5）The japanese Occupation of Singapore lasted for a short period from February1942 to september 1945 but its scars remain deeply etched in the mind of those who lived through it, Foreword, *The Japanese Occupation, National Archives of Singapore*, 1996.

（6）Nicholas Tarling ed., *The Cambridge History of Southeast Asia* vol.2, Cambridge University Press, 1992, p.16.

（7）Nalla Tan, Health and Welfare, *A History of Singapore*, ed. Ernest C. T. Chew and Edwin Lee, Oxford University Press, 1991, p.365.

（8）Michael Hill and Lian Kwen Fee, *The Politics of Nation Building and Citizenship in Singapore*, Routledge, 1995, p.117.

（9）Joan C. Henderson, "Conserving Colonial Heritage : Raffles Hotel in Singapore", *International Journal of Heritage Studies*, Vol.7, No.1, pp.7-24.
（10）Nalla Tan, Health and Welfare, *A History of Singapore*, ed. Ernest C.T.Chew and Edwin Lee, Oxford University Press, 1991, p.365.
（11）요코가와시마왓킨스 저『요코이야기』문학동네、二〇〇五年
（12）森田芳夫『朝鮮終戦の記録――米ソ両軍の進駐と日本人の引揚』巖南堂書店、一九六四年
（13）『東洋経済日報』二〇〇九年八月十四日、随筆「敗戦と敗北」
（14）宮畑加奈子「台湾文化資産保存法における歴史的、文化的価値を有する「建築物」概念の変容について――植民統治期の遺物から土地の記憶へ」（『広島経済大学研究論集』第三七巻第四号、二〇一五年）
（15）西澤泰彦『日本植民地建築論』名古屋大学出版会、二〇〇八年
（16）上水流久彦「台湾の古蹟指定にみる歴史認識に関する一考察」（『アジア社会文化研究』8、二〇〇七年、一〇三ページ
（17）Robert I. Rotberg, *The Founder : Cecil Rhodes and the Pursuit of Power*, Oxford University Press, 1988
（18）韓国文化人類学学会国際学術大会（ソウル大学教授会館、二〇〇八年十一月十四－十五日）「大英帝国の大逆罪人となったケースメント」（『交渉する東アジア－近代から現代まで－『崔吉城先生古稀記念論文集』風響社、二〇一〇年）
（19）二〇〇八年年九月一日から二十日まで科研費による調査、リース大学 Jim House 教授と相談
（20）D. George Boyce, *Decolonisation and the British Empire*, 1775-1997, MacMillan Press Ltd., 1999, p.5.

(21) Robert J.C. Young, *Postcolonialism*, Blackwell Publishing, 2001, p.15.
(22) Ania Loomba, *Colonialism — Postcolonialism*, Routledge, 1998, p.9.
(23) Albert Memmi, *The colonizer and the colonized*, Souvenir Press Ltd., 1974.the colonial, the colonizer, the colonialist
(24) British Empire & Commonwealth Museum, Imperial War Museum, The British Museum, National Army Museum.
(25) 二〇〇八年九月五日 Bristol の A travelling exhibition by The British Empire & Commonwealth Museum 観覧、調査。colonial service と解説
(26) ロンドンの Empire War Museum
(27) Martin Thomas, Bob Moore and L.J. Butler, *Crises of Empire*, Hodder Education, 2008, pp.4-6.
(28) Nicholas Thomas, *Colonialisms Culture*, Polity Press, 1994, p.171.
(29) Katharine Simms, "The Norman Invasion and the Gaelic Recovery", *The Oxford History of Ireland*, R. F. Foster ed., Oxford University Press, 1989, pp.52-55.
(30) Michael Taussig, *Shamanism, Colonialism, and the Wild Man*, The University of Chicago, 1987, pp.3-36.
(31) W.J. Mc Cormack, *Roger Casement in Death or Haunting the State*, University College Dublin Press, 2002, p.31.
(32) Lucy McDiarmid, "The Afterlife of Roger Casement", *Roger Casement in Irish & World History*, Royal Irish Academy, 2005, pp.178-188.

(33) Martin Mansergh, "Roger Casement and the Ideaq of a Broader Nationalist Tradition, His Impact on Anglo-Isish Relations", *Roger Casement in Irish & World History*, Royal Irish Academy, 2005, pp.189-201.

(34) Angus Mitchell, *Casement*, Haus Publishing Limited, 2003, pp.1-8.

(35) Sir John Lavery, HIGH TREASON : THE APPEAL OF ROGER CASEMENT の絵

(36) Casement: Traitor or patriot?", BBC News (2006-08-02). W. B. Yeats: "The ghost of Roger Casement is beating on the door". Brendan Behan Borstal Boy; the play, Richard Herdand Richard Stockton Prisoner of the Crown, Abbey Theatre in Dublin on February 15, 1972. Lonely Banna Strand Arthur Conan Doyle の小説 The Lost World, 1912.

(37) Roger Sawyer, *Casement: The Flawed Hero*, Routledge & Kegan Paul, 1984, p.148.

(38) 岡崎滋樹「矢内原忠雄研究の系譜——戦後日本における言説」(『社会システム研究』二四号、二〇一二年)

参考文献

崔吉城「韓国における日本文化の受容と葛藤」（『思想』七月号、岩波書店、一九九二年）
崔吉城「日韓の文化摩擦」（『岩波講座文化人類学 第8巻 異文化の共存』岩波書店、一九九七年）
崔吉城編『日本植民地と文化変容』御茶の水書房、一九九四年
野崎充彦『韓国の風水師たち——今よみがえる竜脈』人文書院、一九九四年
マーク・ピーティー（浅野豊美訳）『20世紀の日本 植民地——帝国50年の興亡』読売新聞社、一九九六年

Boyce, D. George, *Decolonisation and the British Empire, 1775-1997*, MacMillan Press Ltd., 1999.
Cormack, W.J. Mc, *Roger Casement in Death or Haunting the State*, University College Dublin Press, 2002.
Christie Clive J., *Modern History of Southeast Asia*, Tauris Academic Studies I.B.Tauris Publishers, 1996.
Loomba, Ania, *Colonialism/Postcolonialism*, Routledge, 1998.
McDiarmid, Lucy, The Afterlife of Roger Casement, *Roger Casement in Irish & World History*, Royal Irish Academy, 2005.
Memmi, Albert, *The colonizer and the colonized*, Souvenir Press Ltd., 1974.
Mcnamara Dennis L., *The Colonial Origins of Korean Enterprise*, Cambridge University Press, 1990.
McDiarmid, Lucy, *The Afterlife of Roger Casement, Roger Casement in Irish & World History*, Royal Irish

Academy, 2005.

Mitchell, Angus, *Casement*, Haus Publishing Limited, 2003.

Ramon H.Myers, Mark R.Peattie, *The Japanese Colonial Empire, 1895-1945*, Princeton University Press, 1984.

Robert L. *Rotberg, The Founder: Cecil Rhodes and the Pursuit of Power*, Jonathan Ball Publishers : South Africa, 1988.

Sawyer, *Roger, Casement : The Flawed Hero*, London : Routledge & Kegan Paul, 1984.

Simms, Katharine, The Norman Invasion and the Gaelic Recovery, *The Oxford History of Ireland*, R. F. Foster ed., Oxford University Press, 1989.

Taussig, Michael, *Shamanism, Colonialism, and the Wild Man*, The University of Chicago, 1987.

Thomas, Nicholas, *Colonialisms Culture*, Polity Press, 1994.

W.B. Yeats, A. Norman Jeffares, A terrible beauty is born, *The Secret Rose: Love Poems*, Roberts Rinehart Publishers, 2001.

Young, Robert J.C., *Postcolonialism*, Blackwell Publishing, 2001.

おわりに

植民地を旅しながら私は考える。日本の旧植民地と占領地、そして西洋植民地などを旅して横断した。その旅は私の人生論に帰着してしまった。今からそれほど遠くない過去の歴史、私の歴史を含むその時代に登場した人々、特に悲劇的な人物に触れてみた。私は今を生きる一個人に過ぎないが、植民地の歴史は私にとっても決して対岸の火ではない。私自身のことでもある。

本書は、現地調査で私が観察し、インタビューした「はなし」と「かたり」が中心になっている。私が知り得たこと、感じたことを正直に書き留めた。語りや証言そのものではない。主に植民地と被植民地の間で板挟みになって犠牲になった人物、成功した人物などを考察した。

私は日韓の狭間で生きる。中立的に生きる。ある出版社は私に「中立派」だというタイトルを付けてくれた。光栄である。しかしそれは安易な態度や道ではない。日韓の架け橋から落下してしまう恐れもある。アイルランドのロジャー・ケースメントはイギリスとアイルラ

南アフリカ・ケープタウン
植物園内の民家の前にて

ンドの板挟みになり、不幸な人生を送った。両国から背信者、大逆罪とされて処刑され、大変不幸な終末を迎えた。それがとても気になる。フィリピンのホセ・リサールもそうであった。スペインとフィリピンの板挟みで処刑された。

私なりの思索がある。植民地に登場する人物はさまざまである。時には日韓架橋の橋渡し役といわれる。ある時は親日的だとバッシングされる。私が住んでいる下関からさほど遠くない所に伊藤博文の生誕地がある。そこ光《ひかり》市には、日本で最初の総理大臣を顕彰する記念館がある。安重根に暗殺されたことは明示されていない。その心が理解できる。

下関には日清講和条約（下関条約）を結んだ記念館があり、その横の「春帆楼《しゅんぱんろう》」には伊藤が泊った時の写真が飾ってある。伊藤博文の跡地や彼が泊まったホテルなどの写真をもって記念としている。また、銅像とともに写真、彼の肉筆文などが展示されている。彼に関する伝説的な英雄談も多く聞ける。その一つに直木賞受賞作家・故古川薫氏から聞いた話がある。

山口県はこれまで総理大臣を八人も輩出しているが、山口県民の中には、山口県が大きな得や恩恵を受けたことはないという不満を漏らす人もいる、と聞く。伊藤が総理大臣としてあるホテルに泊まった時、多くの商人・企業家が集まって争って会おうとしたが、その時彼は「私は下関の総理でなく日本国の総理である」と一喝したという。大物は地縁にこだわらないということで、古川氏は彼を高く評価した。地縁にこだわりのない総理を多く出した山口県こそ誇るべきであろう。それが住民たちの不満であり自慢だという言葉に私は同感した。

植民地支配が終わっても、支配者・征服者が生き残る例もある。シンガポールにはラッフルズというイギリスの植民地支配者の名前に因んだ地名などが多い。戦後、シンガポール政府は植民地を象徴する建物を壊そうとした。しかし歴史的な建物をそのまま保存して歴史の現場として利用した方が良いのではないか、という反論があり、壊さずに使うようになった。一方、韓国では朝鮮総督府庁舎を破壊した。

山口県光市・伊藤博文記念館にて

悲劇的な終末を迎えた人が死後に名誉回復された例もある。名付けられた記念碑や建物がどれくらいの期間存続されるかは分からない。一方、愚かな者はすぐに崩れる銅像や塔を立てる。稚拙な銅像を建てても、壊されることは多い。独裁者たちは後に、自分の名前が歴史的に残るようにする。「スターリン広場」などはその代表的な例であろう。それらは歴史的な状況によって保存されたり破壊されたりするのである。アイルランドのケースメントやフィリピンのホセ・リサールなどがそうである。彼らの名前は英雄として地名につけられて人々に記憶される。

歴史的には評価されても、生きている個人としてはどうなるのか。生前と死後を含めて「死と生」を一緒に考えるべきだろうか。死後を含めて考える人は少ないだろう。死後を認めるかどうかは簡単ではない。死後の評価を期待する人は少ないだろう。死後を前提にすれば、オカルトか信仰か、迷信かと皮肉られる。悲惨な死に方をしても、死後に名誉が回復されるという信仰はジハードの信仰であろうか。実はそれは健全な生き方かも知れない。

本書は、韓国で出版した『歴史を正しく観る』（民俗苑、二〇一六）を基礎にしたものである。何も言わず倉光誠氏が翻訳した草稿を見せてくれたので、日本語版を考えて、私が加筆したものである。また古本義弘氏と妻の幸子が校正した。さらに花乱社の別府大悟社長に大いにお世話になったことに心から感謝を表したい。

本書はワンアジア財団の支援により成し遂げられたことをここに記して感謝したい。

二〇一九年七月

崔吉城

崔吉城（チェ・キルソン）
東亜大学人間科学部教授，東アジア文化研究所所長，広島大学名誉教授
1940年６月17日，韓国京畿道楊州に生まれる
1963年８月，国立ソウル大学校師範大学国語教育学科卒業
1985年３月，筑波大学文学博士
専攻は文化人類学
下関市在住

■主要著書

『韓国のシャーマニズム』（弘文堂，1984）
『韓国の祖先崇拝』（重松真由美訳，御茶の水書房，1992）
『恨の人類学』（真鍋祐子訳，平河出版社，1994）
『韓国民俗への招待』（風響社，1996）
『これでは困る韓国：ニューカマー韓国人との対話』（呉善花との対談，三交社，1997）
『親日と反日の文化人類学』（明石書店，2002）
『哭きの文化人類学：もう一つの韓国文化論』（舘野晳訳，勉誠出版，2004）
『樺太朝鮮人の悲劇：サハリン朝鮮人の現在』（第一書房，2007）
『植民地の朝鮮と台湾』（第一書房，2007）
『映像が語る植民地朝鮮』（民俗苑〔ソウル〕，2009）
『韓国の米軍慰安婦はなぜ生まれたのか―「中立派」文化人類学者による告発と弁明』（ハート出版，2014）
『朝鮮出身の帳場人が見た慰安婦の真実』（ハート出版，2017）
『ワン・アジアに向けて』（編著，花乱社，2017）
『朝鮮戦争で生まれた米軍慰安婦の真実』（ハート出版，2018）
『植民地朝鮮：映像が語る』（東亜大学東アジア研究所，2018）

公式サイト：崔吉城 facebook
公式ブログ：崔吉城との対話
http://blog.goo.ne.jp/dgpyc081

＊本書制作にあたり，2018年度ワンアジア財団からの支援をうけました。

帝国《ていこく》日本《にほん》の植民地《しょくみんち》を歩《ある》く
文化《ぶんか》人類学者《じんるいがくしゃ》の旅《たび》ノート

❖

2019年8月31日　第1刷発行

❖

著　者　崔吉城《チエキルソン》
発行者　別府大悟
発行所　合同会社花乱社
〒810-0001 福岡市中央区天神 5-5-8-5D
電話 092(781)7550　FAX 092(781)7555
印刷・製本　瞬報社写真印刷株式会社
[定価はカバーに表示]
ISBN978-4-910038-10-0